Philipp Sauer | Matthias Berndt
Hüttentouren

Philipp Sauer | Matthias Berndt

Hüttentouren

Wochenend-Wanderungen
in Baden-Württemberg

Silberburg-Verlag

2. Auflage 2015

© 2014/2015 by Silberburg-Verlag GmbH,
Schönbuchstraße 48, D-72074 Tübingen.
Alle Rechte vorbehalten.
Umschlaggestaltung: Anette Wenzel,
Tübingen, unter Verwendung von Fotos von
Philipp Sauer und Matthias Berndt.
Kartengrundlage: Topographische Karte
1 : 100 000, © Landesamt für
Geoinformation und Landentwicklung
Baden-Württemberg (www.lgl-bw.de)
01/2014, Az.: 2851.2-D/8684, bearbeitet
durch den Verlag.
Alle Bilder im Innenteil:
Philipp Sauer und Matthias Berndt.
Foto S. 74, Geislinger Hütte,
DAV Sektion Geislingen.
Foto S. 186, Schloss Achberg,
Landratsamt Ravensburg.
Lektorat: Werner Brenner,
Rottenburg am Neckar.
Druck: Grammlich, Pliezhausen.
Printed in Germany.

PEFC
PEFC/04-31-0878

ISBN 978-3-8425-1303-7

Besuchen Sie uns im Internet
und entdecken Sie die Vielfalt unseres
Verlagsprogramms:
www.silberburg.de

Die Autoren:
Philipp Sauer, geboren 1971 in Plochingen, ist Sonderschullehrer. Nach langen Jahren in der Kurpfalz ist er nun wieder im Schwäbischen heimisch. Seit Jahren stromert der ausgebildete Wanderführer mit Freunden durch die geliebten heimischen Mittelgebirge und knobelt dabei seine Mehrtageswanderungen aus.

Matthias Berndt, Jahrgang 1968, ist in Heilbronn geboren und lebt mit seiner Familie in Heidelberg. Der Sport- und Mathematiklehrer ist begeisterter Wanderer und Radfahrer. Seit seinem Studium zieht es ihn jedes Jahr in die Alpen und ins Mittelgebirge, wo er mehrtägige Wanderungen mit Freunden und der Familie durchführt.

Alle Wegbeschreibungen erfolgen nach bestem Wissen und Gewissen.
Autor und Verlag können jedoch keine Haftung übernehmen, auch nicht bei etwaigen Unfällen. Die Benützung des Buches geschieht auf eigenes Risiko.

Ihre Meinung ist wichtig ...

… für unsere Verlagsarbeit. Wir freuen
uns auf Kritik und Anregungen unter:

www.silberburg.de/Meinung

Inhalt

Vorwort 7
Tipps rund ums Hüttenwandern 8

Der Odenwald 19

Tour 1 **Expedition an Rhein und Neckar und im Odenwald**
Lampertheim – NFH Mannheim – NFH Kohlhof – Heidelberg 21

Tour 2 **Unterwegs auf dem Odenwälder Neckarsteig**
Eberbach – NFH Zwingenberger Hof – NFH Neckarmühlbach – Bad Wimpfen 32

Der Naturpark Schwäbisch-Fränkischer Wald 42

Tour 3 **Von Öhringen ins Herz des Schwäbisch-Fränkischen Walds**
Öhringen – NFH Steinknickle – Wanderheim Eschelhof (SAV) – Murrhardt 45

Tour 4 **Von der Hohenloher Ebene in die Waldenburger Berge**
Eckartshausen – Hostel Einkorn (früheres NFH) – NFH Lemberg – Waldenburg 56

Die Schwäbische Alb 67

Tour 5 **Der schönste Geheimtipp im Ländle – die Ostalb**
Geislingen – Geislinger Hütte (DAV) – Franz-Keller-Haus (SAV) – Geislingen 70

Tour 6 **Die Highlights der mittleren Alb auf einen Rutsch**
Bad Urach – Wanderheim Burg Teck (SAV) – Wanderheim (DAV) Harpprechthaus – Bad Urach 82

Tour 7 **Traufgängertour über die fotogene Zollernalb**
Bodelshausen – Wanderheim Nägelehaus (SAV) – Lochenhütte (SAV) – Schömberg 93

Tour 8 **Naturpark Obere Donau: In Beuron und um Beuron herum**
Beuron – Wanderheim Rauher Stein (SAV) – Ebinger Haus (DAV) in Hausen im Tal – Beuron 104

Inhalt

Der Schönbuch *114*

Tour 9 **Naturpark Schönbuch: Durch das Jagdrevier des Königs**
Tübingen – NFH Schönbuch – Weiler Hütte – Tübingen *116*

Der Schwarzwald *128*

Tour 10 **Rundwanderung im Murgtal im Nordschwarzwald**
*Bad Rotenfels – NFH Weise Stein – Wanderheim Teufelsmühle (SV) –
Bad Rotenfels* *131*

Tour 11 **Panoramawanderung in Baden-Badens Nähe**
*Tiergarten Baden-Baden – NFH Badener Höhe –
Acherner Wanderheim (SV) – Kappelrodeck* *141*

Tour 12 **Winterwanderung im Südschwarzwald**
*Badenweiler – Dießlin-Hütte (SV) – Wanderheim Berglusthaus (SV) –
Freiburg* *154*

Tour 13 **Schluchten, Seen, Wasserfälle: Das Beste vom Hochschwarzwald**
Rötenbach – Wanderheim Hochfirst (SV) – NFH Feldberg – Schluchsee *164*

Bodensee und Westallgäu *176*

Tour 14 **Von Wangen im Allgäu ans Schwäbische Meer**
*Wangen im Allgäu – Wanderherberge Humboldt-Haus Achberg –
NFH An der Rotach, Friedrichshafen – Meersburg* *180*

Vorwort

Wer in Deutschland mehrere Tage zu Fuß unterwegs ist, wandert meistens in den Bergen. Ob in den Alpen, Dolomiten oder anderen Gebirgen – Naturbegeisterte kennen sie alle, die tollen Geschichten von steilen Pfaden, zackigen Felswänden, wundervollen Bergpanoramen und zünftigen Hüttenabenden mit deftigem Essen und netten Leuten. Erlebnisse, die einem immer in Erinnerung bleiben werden und die man gerne wiederholt.

Mit diesem Wanderführer möchten wir Ihnen diese Erlebnisse ebenfalls schmackhaft machen – nur nicht in den fernen Alpen, sondern direkt vor der Haustür. Denn die Infrastruktur und die Landschaft dazu ist vorhanden. Man muss sich vielleicht nur wieder daran erinnern und sich auf eine etwas andere Art der Gebirgswanderung einlassen, nämlich auf das Wandern im Mittelgebirge, das manchmal tatsächlich auch alpin sein kann, aber vor allem durch eine gänzlich andere Natur und Landschaft besticht als in den Alpen.

Vielleicht lieblicher, aber nicht minder spektakulär, nicht so schroff, dafür geschwungener, nicht so hoch, dafür weiter, mit (viel) kürzerer Anfahrt und mehr Zeit in der Natur, weniger Geschnaufe und mehr Gesprächen, toller Natur kombiniert mit einem Schuss Kultur … Und am

Viertele, Gitarre und Liederbuch.
Mehr braucht`s nicht für
einen stimmungsvollen Abend.

Abend ist es eh wie im Hochgebirge: Eine zufriedene Müdigkeit, Wanderkameraden, mit denen man über die schönen Eindrücke des Tages schwärmen kann, ein wärmender Schoppen in einer gemütlichen Hüttenatmosphäre. Die Vorteile liegen eigentlich auf der Hand, oder?

Wenn dieses Buch dazu Lust macht, einfach mal wieder ein paar Tage vor Ort die Natur zu erkunden und die Seele baumeln und auslüften zu lassen, soll es uns mehr als recht sein. Ein paar Anrufe, dann den Rucksack gepackt und die Schuhe geschnürt – und schon ist man weg, ganz einfach.

Philipp Sauer und Matthias Berndt

Tipps rund ums Hüttenwandern

Die Hütten

Wir haben uns bemüht, hauptsächlich von Vereinen bzw. ehrenamtlich geführte Hütten und Wanderheime in dieses Buch aufzunehmen. Nicht nur deshalb, weil die Vereine naturgemäß die meisten Wanderheime unterhalten, sondern weil wir auch deren Ziele und Ansichten für unterstützenswert halten. Außerdem liegen diese Hütten nun mal an den landschaftlich attraktivsten Stellen des Landes. In den seltensten Fällen und nur wenn keine Alternative vorhanden war, mussten wir auf das eine oder andere kommerziell betriebene Wanderheim zurückgreifen.

Bei den Recherchen zu diesem Buch waren wir selbst überrascht, wie viele unterschiedliche Organisationen und Vereine (neben den Platzhirschen) Wanderheime und Hütten bewirtschaften und in Schuss halten. Die Webseite www.gruppenunterkuenfte.de gibt einen wundervollen Überblick (wenn auch nicht ganz vollständig) über die Vielzahl an Hütten und Wanderheimen im Lande. Die Internetauftritte der Wander- und Gebirgsvereine verfügen zudem über eine Hüttensuchfunktion bzw. stellen die vereinseigenen Hütten ausführlich vor.

Die Situation der Wanderheime selbst ist momentan geprägt von den gesellschaftlichen Symptomen unserer Zeit. Hütten mit klugen Konzepten (z. B. exponierter Standort, flexible Öffnungszeiten, regionale Produkte in der Küche etc.) sind hoch frequentiert. Etliche abgelegenere, nicht minder schöne Unterkünfte standen aber bei unserer Recherche kurz vor der Schließung oder waren bereits geschlossen. Meistens, weil sich niemand mehr fand oder findet, der die Dienste ehrenamtlich leistet.

Ist die Hütte dann nicht mehr offen, kommt auch niemand mehr vorbei. Eine Art Teufelskreis. Man sollte sich also auch immer ein bisschen bewusst sein, dass solch eine tolle Hütten-Infrastruktur keine Selbstverständlichkeit ist, und über die eine oder andere manchmal auftretende Unzulänglichkeit hinwegsehen.

Die Hüttenbuchung

Hat man sich dazu entschieden eine Hüttentour zu machen, gibt es im Vorfeld neben der üblichen Reservierung noch andere Fragen abzuklären.

Hier im Buch haben wir immer nur die notwendigsten Kontaktdaten aufgeführt. Neben der Hüttenanschrift ist immer die Telefonnummer angegeben, unter der die Schlafplätze gebucht werden können.

Neben dieser Telefonnummer ist ebenfalls immer die Web-Adresse der Hütte mit angeführt. Unter dieser findet man die aktuellsten Updates der Telefonnummern, Mailadressen und sonstige Kontaktdaten, die häufig einer immer kürzer werdenden Haltbarkeit unterliegen.

Falls die Hütte nicht vollbewirtschaftet ist, sollte man beim Telefonat oder der Kommunikation per Mail folgende Punkte unbedingt abklären:

- Ist die Hütte über einen Hüttendienst geöffnet oder muss der Einlass/Schlüssel selbst organisiert werden?
- Bietet der Hüttendienst ein Abendessen und/oder Frühstück an oder muss man sich selbst etwas zubereiten und ist dazu eine Küche vorhanden?
- Gibt es Getränke vor Ort?
- Muss man Handtücher und Bettwäsche selbst mitbringen oder kann man sie vor Ort mieten?
- Gibt es eine Dusche (Münzbetrieb) bzw. Wasserversorgung/Trinkwasser?
- Wie verlässt man die Hütte (Schlüsselrückgabe, Bezahlung, Abrechnung der Nebenkosten/Getränke etc.)?
- Sind Geschirr und Besteck vorhanden?
- Sonstige Besonderheiten (z. B.: Wie schaltet man die Heizung/den Herd an und aus, kann man Hunde mitbringen)?

Einlass bei Selbstversorgerhütten
An manchen Tagen hat man die eine oder andere Hütte ganz für sich allein. Kein Hüttendienst oder andere Wandergruppen sind vor Ort. Das ist natürlich schön, aber mitunter mit etwas Organisationsaufwand verbunden, da man ja an den Schlüssel der Hütte kommen bzw. ihn auch wieder abgeben muss.

Manchmal hat der Bauernhof nebenan die Hüttenwartfunktion gerade

Eine typische Hütten-Schlafstatt: einfach, sauber und praktisch.

inne, aber manchmal wohnt der Hüttenwart auch an einem Ort abseits der Wanderroute. Es ist also einzuplanen und abzusprechen, wie der Schlüssel übernommen bzw. wieder abgegeben werden kann.

Man braucht dabei mitunter auch etwas Gespür im Umgang mit Menschen. Hüttenwarte machen diese Aufgabe meist ehrenamtlich und wenn man allzu forsch und fordernd auftritt, kommt man meistens nicht weit. Wir haben die Erfahrung gemacht, dass einem die Hüttenwarte, gegenseitiges Verständnis und Sympathie vorausgesetzt, meist sehr weit entgegenkommen. Last, but not least: Ein Fläschchen Wein oder etwas Trinkgeld haben beim persönlichen Kontakt noch nie geschadet.

Anschlusshütte/Tourverlängerung oder Tourverkürzung

In jedem Tourensteckbrief haben wir, falls vorhanden, noch Anschlusshütten angegeben. Dies ist unter folgenden Gesichtspunkten geschehen: Sollte sich im Umkreis von 15 bis 30 Kilometer der zweiten Hütte ein weiteres, über Wanderwege erreichbares Wanderheim befinden, so haben wir dieses angegeben. Das bedeutet, dass man die Planung des optionalen dritten Tages der Wanderung sowie des Schlusstages selbst in die Hand nehmen muss. Wir verstehen uns hier nur als Stichwortgeber.

Eine Verkürzung der Tour auf eine Zweitageswanderung (also mit nur einer Übernachtung) ist bei vielen Routenvorschlägen möglich. Dabei kann man nach der ersten Hütte aus- bzw. zur zweiten Hütte einsteigen.

Zur Routenplanung

In der Regel beträgt das Streckenpensum des Einstiegs- bzw. Schlusstages um die 20 Kilometer. Man muss bei diesen Etappen auch die An- und Abfahrtszeiten mit einkalkulieren. Die Mitteletappe kann bis zu 30 Kilometer lang sein, da am zweiten Tag mehr Zeit zum Wandern bleibt. Die Wanderungen haben wir in möglichst vielen unterschiedlichen Regionen des Landes platziert – in klassischen Wandergebieten wie Schwarzwald und Schwäbische Alb genauso wie im Umfeld von Großstädten (in und um Mannheim).

Bei der Streckenführung haben wir so weit wie möglich versucht, naturnahe Pfade und Wege zu benützen. Die Wanderungen sind landschaftlich abwechslungsreich und verfügen immer auch über das eine oder andere kulturelle Highlight (etwa Burgen und Museen).

Entfernungs- und Höhenangaben bei den Routenbeschreibungen selbst sind als Anhaltspunkte und Orientierungshilfen zu verstehen und können nicht immer den Anspruch auf hundertprozentige Exaktheit erheben. Je nach Referenzquelle (Karte, Digitalkarte, GPS, Angaben vor Ort, Internet) variieren diese Angaben mitunter. Zur raschen Einschätzung, wie flach oder »bergig« die einzelnen Etappen ausfallen, haben wir neben den Etappenüberschriften eine kleine dreigliedrige Grafik platziert. Die farbig betonte Linie gibt Auskunft darüber, ob die Etappe zur Kategorie »flach/wellig« oder »hügelig/kleine An- und Abstiege« gehört oder gar eine »Bergetappe« ist.

»flach/wellig«

»hügelig«

»Bergetappe«

In den seltensten Fällen können vor Ort Wegführungen von der genannten Route abweichen. Manchmal müssen z. B. kurze Wegabschnitte wegen privater Grundstücksrechte schnell und kurzfristig von den Wegwarten der Wandervereine geändert werden. Man sollte also immer die Augen offen halten.

Der 3-Löwen-Takt-Anreisetipp

Baden-Württemberg hat viele Ausflugsziele, die entdeckt werden wollen. Und warum nicht einmal die Sehenswürdigkeiten im Ländle mit Bus und Bahn erkunden und bei der Anreise auf das Auto verzichten? Alle Wochenendwanderungen in diesem Buch lassen sich bequem, umweltfreundlich und kostengünstig mit dem Mobilitätsmix aus Bus und Bahn erreichen. Dabei können Sie die individuellen Abfahrt- und Ankunftszeiten der öffentlichen Verkehrsmittel in Baden-Württemberg über die Löwen-Line, die telefonische Fahrplanauskunft, unter (0 18 05) 77 99 66* schon in der Planungsphase einer Wanderung erfragen. Eine gute Planung erleichtert die Mobilität. Auch die zahlreichen Service-Angebote auf der 3-Löwen-Takt-Internetseite sind immer einen Klick wert. Ob Freizeit- oder Veranstaltungsdatenbank, Fahrplanauskunft, Stationsdatenbank, Bus&Bahn-App oder der Radroutenplaner; unter www.3-loewen-takt.de gibt es viel zu entdecken.

*(14 Cent/Min. aus dem deutschen Festnetz; höchstens 42 Cent/Min. aus Mobilnetzen)

Gesundheit

Klar – in drei Tagen kann man schon einiges erleben, sehen und etliche Kilometer zurücklegen. Um diese zu bewältigen, muss man aber kein Ausdauerwunder sein. Für Wanderer mit einer durchschnittlichen Kondition und einer guten Gesundheit dürften die hier vorgestellten Strecken keine größeren Probleme darstellen.

Es macht allerdings keinen Sinn, z. B. mit einer Erkältung oder angeknacksten Gelenken und Bändern loszumarschieren. Wir wollen entspannen und nicht mit heraushängender Zunge und gequältem Gesichtsausdruck abends am Quartier ankommen. Deshalb sollte man sein Leistungsvermögen schon einigermaßen einschätzen können.

Die Wanderqualgeister Nr. 1, nämlich die Blasen, können mittlerweile hervorragend durch die in jeder Apotheke erhältlichen Blasenpflaster behandelt werden. Oder noch besser: Man kann sie mit gutem Schuhwerk von Anfang an vermeiden.

Um Blasen vorzubeugen, ist es zudem ratsam, unbedingt seine Schuhe gut zu verschnüren. Das schont nicht nur die Nagelbetten der Zehen (Anstoßen wird vermieden), sondern verhindert auch das Herumrutschen des Fußes im Schuh und somit Reibeflächen. Passende Wandersocken verstehen sich von selbst.

Übrigens: Die vorgestellten Routen sind unserer Meinung nach aufgrund ihres sportiven Charakters für Wanderer ab etwa 13 bis 14 Jahren geeignet.

Ausrüstung

Wer wandert, strengt sich an. Kräfte wollen gut eingeteilt sein. Man sollte daher seine Kraft nicht mit unnötigen Ausrüstungsgegenständen verschleudern oder sich mit unpassender Ausrüstung das Leben selbst schwermachen.

Gute Ausrüstung fängt natürlich bei den Wanderschuhen (und Wandersocken) an. Viele große Sportketten führen die wichtigen und gängigen Marken. Leider verfügen die meisten Läden dieser Ketten aber über keinen eigenen Schuster mehr, der Reparaturen ausführen oder aufgetretene Druckstellen (bei Lederschuhen) am Schuh ausklopfen kann.

Deshalb ist es besser, sich nach kleineren Fachgeschäften oder dem Schuster seines Vertrauens umzusehen: So bekommt man qualifizierten Service vor Ort. Das lästige, mitunter teure und zeitintensive Einschicken des Schuhs nach irgendwohin fällt damit weg. Der eventuell höhere Anschaffungspreis amortisiert sich so allemal.

Benützen Sie nur Wanderschuhe, die bereits eingelaufen sind. Wer nach wenigen Kilometern bereits Druckstellen und Blasen hat, muss sich auf ein wenig erquickliches Wandererlebnis einstellen. Wasserdicht bzw. -abweisend sollten die Schuhe auch sein. Durch Regen aufgeweichte Schuhe scheuern ebenfalls. Achten Sie beim Kauf also auf gut verarbeitete Nähte und wasserabweisendes Material.

Zudem sollte der Schuh aus einem Guss sein: Je weniger Materialteile benötigt wurden, um ihn zu fertigen, desto besser. Des Weiteren ist es ratsam, die Schuhe eine Nummer größer zu kaufen. So kann man weitgehend verhindern, dass die Zehen anstoßen bzw. dass sich das Nagelbett beim Abwärtsgehen verletzt.

Für unsere Touren sollten leichtere Wander-/Trekkingschuhe ausreichen. Die wenigen richtig alpinen Passagen sind auch mit ihnen noch gut beherrschbar. Die ganz groben und schweren Schuhe sollte man zu

Tipps rund ums Hüttenwandern

Es gibt mehrere Möglichkeiten dem Wetter zu trotzen.

Hause lassen, denn wir machen ja mehr Strecke als Höhe.

Da wir drei Tage unterwegs sind, reicht ein Rucksack mit mittlerem Fassungsvermögen (maximal 50 Liter). Die Last sollte nicht wie ein Sack allein auf den Schultern hängen. Deshalb sollte der Rucksack über einen Hüftgurt verfügen und am Becken und an der Schulter gut sitzen. Ein Belüftungssystem für den Rücken sollte ebenfalls vorhanden sein. Ein abgedichteter Innenstauraum ist ebenfalls ratsam, damit bei Regen der Inhalt nicht nass wird.

Teleskop- bzw. Walkingstöcke sind eine sinnvolle Ergänzung. Das Wandern mit dieser »Gehhilfe« sieht vielleicht nicht besonders schick aus, es trainiert aber den kompletten Körper und entlastet die Gelenke und Bänder unserer für das Wandern so

Teleskopstöcke, eine Erleichterung, vor allem bei bergigen Touren.

Tipps rund ums Hüttenwandern

Trotz App und GPS – eine Karte ist die übersichtlichste Orientierungshilfe.

wichtigen Gliedmaßen, der Knie und der Beine.

Wir haben in Baden-Württemberg, den Jahreszeiten entsprechend, relativ stabile Temperaturen. Das bedeutet auch, dass wir uns auf keine extremen Wetterumschwünge einstellen müssen. Der Wetterbericht bietet eine gute Orientierung. Kleiden Sie sich also der Jahreszeit gemäß, lassen unnötige Bekleidung zu Hause, nehmen Sie aber auf jeden Fall einen Regenschutz oder Regenschirm (Knirps) mit.

Nützen Sie die Vorteile der modernen Freizeitbekleidung (Goretex etc.). Baumwollkleidung ist schwer, lässt einen erst schwitzen, dann frieren und erfordert natürlich auch mehr Wechselwäsche (Gewicht!). Die Vorteile moderner Funktionswäsche lassen sich aber nur dann voll ausreizen, wenn Unterwäsche, Oberwäsche, Anorak und Hose aus diesem Material sind.

Zu unserer ständigen Grundausrüstung gehören im Übrigen eine Erste-Hilfe-Ausrüstung, Sonnenschutz (Sonnenmilch und Hut/Kappe!), ein Taschenmesser, eine Taschenlampe, Streichhölzer und etwas Zeitungspapier (für ein eventuelles Grillfeuer), Ohropax, Hausschuhe und eine Rolle Toilettenpapier (ohne Papprolle).

Eventuell lohnt die Anschaffung eines sogenannten Hüttenschlafsackes. Das ist ein vernähter Bettbezug (Kissen und Laken), in den man hineinschlüpft. So kann man in manchen Hütten die Miete der Bettbezüge sparen. Auf Nachfrage kann man manchmal auch eigene Bettwäsche verwenden.

Zu guter Letzt: Dieser Wanderführer entbindet den Leser nicht von einer sorgfältigen Vorbereitung der ausgewählten Wanderung, vor allem wenn er nicht alleine geht. Eine gute Vorbereitung beinhaltet neben der Hardware (z. B. Schuhe) unbedingt auch eine gute Software, nämlich das Kartenmaterial.

Die besten Karten stellt das Landesamt für Geoinformation und Landentwicklung Baden-Württemberg, Büchsenstraße 54, 70174 Stuttgart, Telefon (07 11) 9 59 80-0, www.lgl-bw.de, zur Verfügung. Sie sind in enger Abstimmung mit den Wandervereinen im Maßstab 1:50 000 erstellt worden (sogenannte »Freizeitkarten«). Vom selben Anbieter gibt es auch für bestimmte Regionen Karten im Maßstab 1 : 35 000. Über den gut sortierten Buchhandel sind die Kartenblätter zu beziehen. Kosten etwa sieben Euro. Die Karten gibt es auch als CD-ROM mit 3-D-Topographieansicht zu kaufen.

Wer eine solche Karte besitzt, sollte sie auch lesen können. Eine zunehmende »Verschilderung« (neben den offiziellen Wanderwegen weisen zunehmend Gemeinden und Regionen Wanderwege aus) erschwert eine Orientierung leider immer mehr. Kompasskenntnisse sind in unseren Mittelgebirgen nicht unbedingt vonnöten. Trotzdem können sie nicht schaden. Die auf den Rückseiten der Karten zu lesenden touristischen Informationen sollten vor der Verwendung überprüft werden.

Eine Mitgliedschaft in einem der Vereine kann sich nicht nur wegen der günstigeren Übernachtungspreise durchaus lohnen. Es gibt Hütten, bei denen Mitglieder in Fragen der Übernachtung bevorzugt werden. Außerdem verfügen die Vereine über eine reichhaltige Auswahl an Wander- und Outdoormaterial (z. B. Karten), das man über sie günstiger beziehen kann.

Verpflegung

Die Frage der Abend- und Frühverpflegung hängt natürlich erst mal davon ab, in welchen Hütten wir übernachten. Dabei müssen wir unterscheiden zwischen vollbewirtschafteten, teilbewirtschafteten (meistens am Wochenende) und unbewirtschafteten Hütten und abklären, ob wir die Möglichkeit haben, selbst zu kochen.

Übernachten wir in vollbewirtschafteten Hütten, stellt sich an diesem Tag nur die Frage der Unterwegsverpflegung. Haben wir das Glück, dass eine Hütte am betreffenden Tag teilbewirtschaftet wird, ebenfalls. Sollte das Wanderheim unbewirtschaftet sein, hier ein paar praktische Ernährungstipps, die in puncto Gewicht und Nahrhaftigkeit gut umzusetzen sind:

Nahrung
Frühstück: Instantkaffee, Milchdöschen und Zuckerbriefchen (z. B. vom Bäcker), Teebeutel, Brot, Hartwurst, Trockenobst.

Tagsüber: Mit vollem Magen wandert es sich schlecht. Kleine Portionen, über den Tag verteilt, sind zu empfehlen. Leichte, gut verdauliche Nahrungsmittel und Energiespender sind z. B. Bananen, Traubenzucker und Müsliriegel.

Abends: Es müssen nicht die teuren Trocken-Expeditionsmahlzeiten sein. Tütensuppen und Fertigspaghetti (die berühmten Miracoli bzw. Nachahmerprodukte) tun es genauso. Wer einen Blick auf die Karte wirft bzw. beim Wandern aufpasst, wird vielleicht feststellen, dass ein Gasthof in unmittelbarer Nähe ist. Ein weiterer, vielleicht etwas unorthodoxer Gedanke wäre übrigens das Catering. Wer weiß, vielleicht bietet das die Metzgerei im Nachbardorf an – einfach mal recherchieren.

Trinken und Trink-/Kochwasservorrat
Wasser ist das Wichtigste! Zwei Liter Flüssigkeit sollte man auf einer Wanderung pro Tag schon zu sich nehmen. Benützen Sie keine schweren Glasflaschen, sondern leichte Flaschen aus Aluminium oder Plastik. Die großen 1,5-Liter-Pfandflaschen der großen Discounter bieten sich hier durchaus an, auch für den Transport des Trinkwasservorrats für Hütten ohne Wasseranschluss.

Je nach Streckenverlauf haben wir übrigens immer wieder die Möglichkeit, Getränke und Nahrungsmittel unterwegs zu kaufen und zu uns zu nehmen, z. B. im Wanderheim selbst, beim Einkehren im Gasthaus oder im Tante-Emma-Laden im Dorf (Öffnungszeiten müssen bedacht werden). Vor allem muss der Wasservorrat so nicht von Anbeginn der Wanderung komplett mitgeschleppt werden, sondern kann immer wieder nach Bedarf aufgefüllt werden.

Zeit, Entfernung und Pausen

Da wir ein gewisses Tagespensum vor uns haben und die Wanderung bei Tageslicht beenden wollen, ist es empfehlenswert, früh aufzubrechen. So hat man genügend Zeit für Pausen, Besichtigungen und kann z. B. im Sommer schon vor der ersten Hitze etliche Kilometer erwandern. Wer zu spät mit der Wanderung beginnt, kommt unter Zeitdruck und begibt sich in Gefahr, die Wanderung bei Nacht beenden zu müssen. Bei Streckenunkenntnis kann dies schon mal ins Auge gehen.

Wir rechnen mit einer durchschnittlichen Gehleistung von etwa vier Kilometern pro Stunde auf ebener Strecke. Die angegebenen Zeiten im Tourensteckbrief sind reine Gehzeiten ohne Pause.

Wir empfehlen mindestens eine größere Pause (mindestens 30 Minuten) und je nach Streckenlage mehrere kleine Pausen (z. B. zehn Minuten an einem markanten Punkt). Dazu kommen noch die Besichtigungszeiten, z. B. in einem Museum. Alles in allem also etwa eineinhalb bis zwei Stunden Wander-Auszeit einplanen, die einem den Kopf und vor allem die Beine wieder frei fürs Wandern machen.

Die Wander-, Hütten- und Gebirgsvereine im Land

Der Odenwaldklub (OWK)
Die Wanderwege im Odenwald und in den angrenzenden Regionen wie dem Kraichgau werden vom Odenwaldklub markiert und gepflegt. Der 1882 gegründete Gebirgswanderverein ist in vier Bundesländern vertreten, nämlich in Hessen, Bayern, Rheinland-Pfalz und Baden-Württemberg. Er zählt etwa 20 000 Mitglieder und betreut ein Wegenetz von rund

5600 Kilometern. Die Hauptlinieweg (HL 1) des Vereins führt von Mainz, Darmstadt und Weinheim nach Oberflockenbach. Er ist mit dem roten Strich markiert. Rote und blaue Markierungen führen generell von Nord nach Süd, gelb und weiß markierte Wege von West nach Ost.

- Odenwaldklub e. V., Prinzenbau im Staatspark Fürstenlager, Telefon (0 62 51) 85 58 56, www.odenwaldklub.de

Die Naturfreunde (NF)

Die Naturfreunde gründeten sich 1895 in Wien in bester Arbeitertradition. Sie kämpfen für gerechte Arbeits- und Lebensbedingungen und gegen eine Ausbeutung von Mensch und Natur. Solidarität wird großgeschrieben. Von Österreich aus verbreitete sich der Verein weltweit. Heute gibt es in fast 50 Ländern 500 000 Naturfreunde.

Die deutsche Sektion wurde während der Nazizeit verboten und gründete sich direkt nach dem Krieg in der BRD erneut. In der DDR waren die Naturfreunde bis zum Fall der Mauer ebenfalls verboten. Heute gibt es im Lande etwa 75 000 Mitglieder, die mehr als 400 Häuser bewirtschaften. Europaweit verfügen die Naturfreunde tatsächlich über ein einzigartiges Netz von fast 1000 Häusern. Berühmte Naturfreunde waren der frühere Bundeskanzler Willy Brandt (SPD) und der von den Nazis ermordete Widerstandskämpfer Georg Elser.

- Naturfreunde e. V.,
  Landesverband Württemberg,
  Neue Straße 150,
  70186 Stuttgart,
  Telefon (07 11) 48 10 76, www.naturfreunde-wuerttemberg.de;
  Naturfreunde e. V.,
  Landesverband Baden,
  Alte Weingartener Straße 37,
  76227 Karlsruhe,
  Telefon (07 21) 40 50 96,
  www.naturfreunde-baden.de

Deutscher Alpenverein (DAV)

Der Deutsche Alpenverein gilt als größte Bergsteigervereinigung weltweit (etwa 1 000 000 Mitglieder) und ist in den letzten Jahren dank des Kletter- und Outdoorbooms kräftig gewachsen. 1869 wurde er überwiegend von unzufriedenen Mitgliedern des Österreichischen Alpenvereins in München gegründet. Ziel war es, die touristische Erschließung der Alpen aktiv zu unterstützen (Hütten- und Wegebau). Der Verein wuchs schnell und vereinigte sich mit dem österreichischen Zweig. Diese Verbindung hatte Bestand bis zum Anschluss Österreichs 1938.

Nach dem Krieg wurde eine Neugründung als DAV, auf Grund der ideologischen Nähe zu den Nationalsozialisten während des Dritten Reichs, erst 1952 erlaubt. Bis dahin verwaltete der österreichische Bruderverein treuhänderisch den Besitz. Der Alpenverein betreut 327 Hütten in den unterschiedlichsten Gebirgen. Die baden-württembergischen Sektionen betreiben neben ihren sektionseigenen Gebirgshütten auch einige Hütten in den baden-württembergischen Kletterregionen.

■ Deutscher Alpenverein e. V.,
Von-Kahr-Straße 2–4,
80997 München,
Telefon (0 89) 14 00 30,
www.alpenverein.de

Schwäbischer Albverein (SAV)

Die Wanderwege auf der Alb und in den angrenzenden Regionen (z. B. Hohenlohe, Schönbuch, Schwäbisch-Fränkischer Wald, württembergischer Bodensee) werden vom Schwäbischen Albverein markiert und in Schuss gehalten. Der SAV ist mit zirka 100 000 Mitgliedern der größte deutsche und europäische Wanderverein. Er wurde 1888 in Plochingen gegründet.

Ein Wegenetz von mehr als 23 000 Kilometern und etliche Wanderheime und Aussichtstürme werden von ihm unterhalten. Das Wandergebiet des Albvereins auf der Alb wird von den zwei Hauptwanderwegen HW 1 und HW 2 eingerahmt. Beide Wanderwege beginnen in Donauwörth im Norden und enden in Tuttlingen im Süden. Sie sind mit dem roten Dreieck markiert, wobei die seitliche Spitze des Dreiecks immer nach Tuttlingen bzw. Süden weist.

Der Albverein ist kein reiner Wanderverein, sondern kauft auch immer wieder große Grundstücke, um wertvolle Kulturlandschaften zu pflegen und zu bewahren (Streuobstwiesen, Wacholderheiden usw.). Über seinen Kulturrat pflegt er schwäbische Kultur (z. B. Tänze, Instrumente).

■ Schwäbischer Albverein e. V.,
Hospitalstraße 21b,
70174 Stuttgart,
Telefon (07 11) 22 58 50,
www.albverein.de und
www.schwaben-kultur.de

Schwarzwaldverein (SV)

Der älteste deutsche Gebirgs- und Wanderverein wurde 1864 in Freiburg als Badischer Schwarzwaldverein gegründet. 1934 fusionierte er mit dem Württembergischen Schwarzwaldverein.

Der Verein unterhält ein Wegenetz von gut 23 000 Kilometern und Hütten, die zum Teil auch ganzjährig bewirtschaftet sind. Dass der Verein nicht klein ist, zeigt seine stattliche Mitgliederzahl von rund 75 000 in knapp 240 Ortsgruppen, die sich auch der Pflege des Schwarzwälder Brauchtums verschrieben haben.

Drei Hauptwanderwege führen ab Pforzheim, der »Pforte zum Schwarzwald«, durch das Mittelgebirge. Der Westweg von Pforzheim bis Basel (280 km), der Mittelweg von Pforzheim bis Waldshut (233 km) und der Ostweg von Pforzheim bis Schaffhausen (245 km). Markiert sind die Wege mit der Raute.

■ Schwarzwaldverein e. V.,
Schlossbergring 15,
79098 Freiburg,
Telefon (07 61) 38 05 30,
www.schwarzwaldverein.de

Der Odenwald

Der Odenwald ist umgeben vom Main im Norden und dem Kraichgau im Süden. Die Rheinebene im Westen und das sogenannte Bauland bei Mosbach im Osten bzw. das Madonnenländchen um Walldürn im Nordosten bilden ebenfalls Grenzlinien. Die höchste Erhebung des Odenwaldes ist der Katzenbuckel bei Eberbach mit 626 Metern. Der baden-württembergische Teil des Odenwaldes macht etwa ein Drittel des überwiegend zu Hessen gehörenden Mittelgebirges aus. Auch in Bayern ist noch ein kleines Stück Odenwald zu finden.

Geologie

Der Odenwald besteht vor allem aus Buntsandstein und ist geologisch betrachtet dem Nordschwarzwald nicht unähnlich. Etliche Gebäude in der Region sind aus diesem Buntsandstein errichtet, etwa das Heidelberger Schloss.

Es gibt auch einen sogenannten kristallinen Teil im Odenwald. In diesem Gebiet, das vor allem im Norden und Westen des Odenwaldes liegt, sind die Deckgesteinsschichten abgetragen und das sogenannte Grundgebirge (Granit etc.) kommt zum Vorschein.

Der kristalline Teil ist der geologisch älteste Teil des Gebirges. Da hier das Deckgebirge abgetragen ist, sind die Erhebungen nicht so hoch wie im Buntsandstein-Odenwald. Ein Zeuge frühgeschichtlicher vulkanischer Tätigkeit ist der Katzenbuckel bei Eberbach.

Geschichte

Noch um 400 v. Chr., also zur Keltenzeit, galt der Odenwald als ein Urwald und war kaum besiedelt. Erst die Römer ließen sich im südlichen Odenwald nieder. Die Bergstraße war für die Römer eine wichtige Handelsstraße. Teile des Limes führten durch den Odenwald; seine Reste zeugen von der etwa 200 Jahre währenden Besatzung. Das kann man vor allem auf dem Limeswanderweg um Walldürn sehr gut nachvollziehen.

Die Germanen bzw. die ostgotischen Burgunder verdrängten die Römer im 3. Jahrhundert nach Christus und gründeten in Worms ein Königreich. Diese Episode findet in der Nibelungensage ihren Niederschlag. Der Odenwald war immer ein Ort der Sagen und Dichtung. Nach der Nibelungensage wurde hier Siegfried von Hagen erschlagen. Wolfram von Eschenbach schrieb seinen »Parsifal« wohl auf der Wildenburg bei Amorbach.

Im 4./5. Jahrhundert siedelten sich die Franken an und im 7./8. Jahrhundert begann die Christianisierung. Die Benediktinerklöster jener Zeit, etwa in Amorbach oder Lorsch, waren zentrale Orte des Handels und Wissens und begünstigten die nun einsetzende Besiedlung des Odenwaldes.

Klima, Flora und Fauna

Der westliche Teil des Odenwaldes, die Bergstraße, wird noch von der milden Witterung der Rheinebene beeinflusst. Die Jahresmitteltemperatur liegt hier bei rund 9 Grad Celsius. Im Durchschnitt messen die Meteorologen 30 Sommertage. Deshalb öffnen sich hier die Baumblüten im Frühling besonders früh. Obst- und Weinanbau prägen das Landschaftsbild an den westlichen Hängen des Mittelgebirges.

Im Gegensatz dazu stehen die Höhenlagen des östlichen Odenwaldes, auch »Badisch Sibirien« genannt. Hier hält der Frühling meist erst im Mai Einzug. Während auf den Höhen des Odenwaldes eher Nadelwälder zu finden sind (Fichte, Kiefer), herrschen in den Tallagen und Talhängen Laubbäume (vor allem Buchen) vor. Auf den Buntsandsteinböden wird vor allem Weidewirtschaft betrieben.

Der Odenwald — Tour 1

Expedition an Rhein und Neckar und im Odenwald

*Lampertheim – Naturschutzgebiet Biedensand – Rheinufer – Hafen Mannheim – **NFH Mannheim** – Mannheimer Neckarufer – Seckenheim – Ladenburg – Schriesheim – Ruine Schauenburg – **NFH Kohlhof** – Teltschikturm – Weißer Stein – Thingstätte – Heidelberg*

In drei Tagen können wir das ganze Spektrum baden-württembergischer Landschaften erleben: Flussstrände, dschungelartige Grünschneisen mitten in der Großstadt, dampfende Industrie- und Hafenanlagen, Burgruinen und Anstiege durch stille Mittelgebirgswälder. Am ersten Tag erkunden wir die Rheinauen im Naturschutzgebiet Biedensand in Hessen, bevor es entlang von Landesgrenze und Rheinufer zum Hafen Mannheim und seinem Mix aus Natur und Schwerindustrie geht. Am zweiten Tag wandern wir von der fruchtbaren Neckarebene in den Odenwald hinauf. Von Burgruinen haben wir Ausblicke bis zur Pfalz. Der dritte Tag steht ganz im Zeichen des sattgrünen Odenwaldes und unseres Schlusspunktes, des weltberühmten Heidelberg und seiner Altstadt im Neckartal.

- **Übernachtung:** *Naturfreundehaus Mannheim (teilbewirtschaftet/Selbstversorgung): Zum Herrenried 18, 68169 Mannheim, Telefon (06 21) 75 21 69, www.naturfreunde-mannheim.de*

  Naturfreundehaus Kohlhof (teilbewirtschaftet/Selbstversorgung): Kohlhof 5, 69198 Schriesheim, Telefon (0 62 20) 85 20, www.naturfreundehaus-kohlhof.com

- **Streckenlänge:** *21 km (1. Tag), 30 km (2. Tag), 20 km (3. Tag).*

- **Zeit:** *6½ Stunden (1. Tag), 8 Stunden (2. Tag), 6 Stunden (3. Tag).*

- **Karte:** *Freizeitkarte F 513 (Mannheim/Heidelberg) im Maßstab 1:50 000. Herausgegeben vom Landesamt für Geoinformation und Landentwicklung Baden-Württemberg.*

- **Anschlusshütte/Tourverlängerung ab NFH Kohlhof:**
  Heidelberger Haus des Odenwaldklubs in Weinheim-Steinklingen (Miete nur lohnend ab einer Gruppengröße von mindestens fünf Wanderern).

- **Öffentliche Nahverkehrsmittel:**
  Anfahrt: mit der Bahn nach Lampertheim.

Abfahrt: mit der Bahn ab Heidelberg.
LöwenLine **(0 18 05) 77 99 66***
Ihre Fahrplanauskunft im Land. 24 Stunden die besten Bus- und Bahnverbindungen erfahren. *(0,14 €/Min. aus dem dt. Festnetz; höchstens 0,42 €/Min. aus Mobilnetzen)

1. Tag: *Von Lampertheim nach Mannheim*

Wir beginnen unsere Wanderung am Bahnhof von Lampertheim (92 m). Von dort folgen wir der Ernst-Ludwig-Straße etwa 250 m. Die Straße macht einen scharfen Rechtsschwenk. Hier beginnt links die Fußgängerzone (Kaiserstraße). Ihr folgen wir. An deren Ende liegt die Lampertheimer Domkirche. Hier biegen wir nach rechts in die Römerstraße ab. Nach 500 m überqueren wir die Hauptverkehrsstraße (Wormser Straße).

Die Biedensandstraße führt uns dann aus der Stadt zum Naturschutzgebiet Biedensand hinaus. Hinter dem Gasthof »Parkhaus« geht es links zum Altrhein hinunter, den wir auf einem Steg überqueren. Direkt nach dem Steg bringt uns ein Pfädchen links hinunter zu wunderbaren Auwiesen. Ab hier wandern wir die kommenden Kilometer bis zum Rhein ohne offizielles Wegzeichen.

In einer langgestreckten Rechtskurve führt uns der Pfad entlang schöner Schilfflächen und Wiesen. Nach 800 m müssen wir zu einem alten, bewachsenen Damm hinauf. Ein Feldweg führt zu einem Sträßchen (dieses kommt vom Steg). Hier halten wir uns links.

Das Sträßchen geht in einen Pfad über. Nach 400 m geht's links ab, über einen Steg, der uns mitten ins Herz des Naturschutzgebiets führt. Links riesige Auwiesen und Weiden, rechts der Altrhein in seeartiger Ausprägung. Ein Feldweg führt uns nach 600 m direkt zum Rhein. Alle Abzweigungen nach links oder rechts ignorieren.

Auf dem Rheindamm angekommen, halten wir uns links. Entlang des Rheins, schöner Kiesstrände und Auwälder verlaufen nun unsere Pfade (nicht in der aktuellen Karte verzeichnet). Die nächsten Kilometer bleibt es uns überlassen, ob wir auf Pfaden direkt am Rhein, dem grünen Damm oder dem daneben verlaufenden Fahrradweg nach Mannheim kommen wollen. Unser Wegzeichen ist nun das rote R (Rhein-Neckar-Weg), welches uns bis morgen leitet und nach 2 km des Weges auftaucht (kurz nach dem Gasthaus »Zum Neurhein«).

Nach 6 km unterqueren wir die Autobahnbrücke der A 6. Auf dem rechten Rheinufer tauchen nun die bizarren Industrieanlagen der BASF Ludwigshafen auf. Nach einem weiteren Kilometer entfernt sich unser Weg vom Rheinufer und biegt links ab. Wenige Meter weiter die nächste Abzweigung nach rechts nehmen. Das R führt uns nun zur Mannheimer Altrheinfähre. Hier können wir uns nun entscheiden, ob wir die Fähre nehmen und entlang des Rheinufers auf der Friesenheimer Insel nach Mannheim hineinwandern.

Die Wegalternative weist uns das R und führt uns entlang von Sportplätzen und Kleingartenanlagen zum Kanu-Leistungszentrum. Hier kommen wir zur Brücke hinauf. Wir überqueren den Fluss und sofort geht's wieder runter von der Brücke. Unterhalb der Brücke führt dann der Pfad durch Unterholz entlang des Altrheinufers. Am anderen Ufer Speicherstätten, Lastenkräne ... Hafenatmosphäre eben. Nach 1 km endet der Pfad an einem Sandstrand und riesigen Fernwärmeleitungen. Eine außergewöhnliche Rastmöglichkeit.

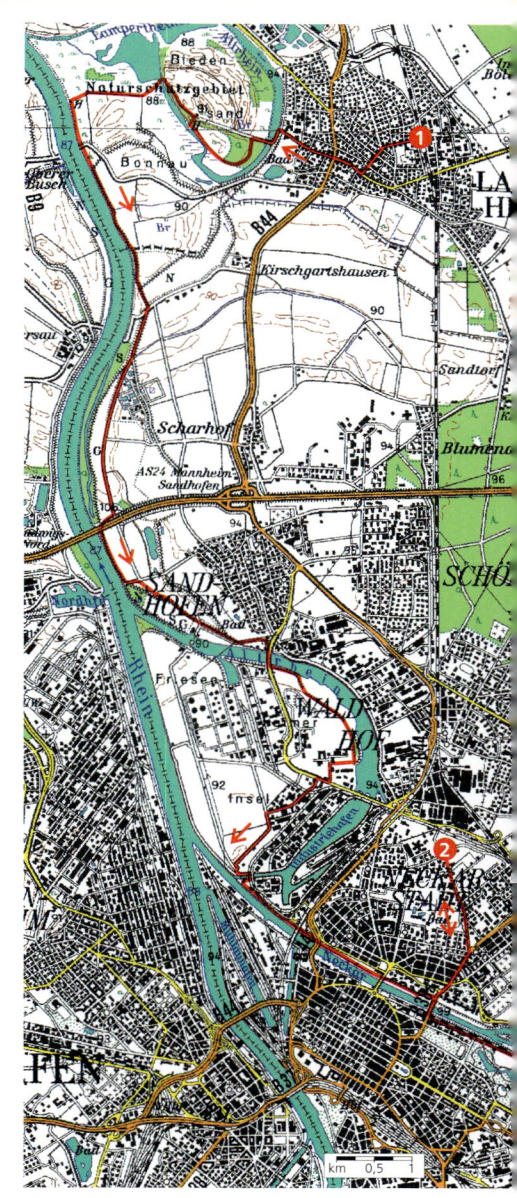

Mannheim (97 m) oder »Monnem«, wie der Kurpfälzer sagt, ist heute eine quirlige und junge Metropole, die in den letzten Jahren eine ziemlich dynamische Entwicklung hingelegt hat. Total zerstört im Zweiten Weltkrieg, hatte die Stadt jahrzehntelang mit hoher Arbeitslosigkeit, Bausünden, Umweltverschmutzung – kurzum: einem schlechten Ruf – zu kämpfen. Dabei hatte die Stadt bis dahin eine glorreiche Vergangenheit – viele wichtige Erfindungen stammen aus der ehemaligen deutschen Motorcity: Carl Benz erfand das Automobil, Karl Drais das erste Zweirad, die Firma Heinrich Lanz baute hier den Bulldog.

Die »Stadt der Quadrate«, also die gitterförmige Anlage des Straßennetzes in der Innenstadt, geht auf Kurfürst Friedrich IV. um 1606 zurück und ist bis heute erhalten geblieben. 1720 verlegte Kurfürst Carl Philipp seinen Hof von Heidelberg nach Mannheim, was einen kulturellen und wirtschaftlichen Aufschwung nach sich zog. Einen weiteren Entwicklungsschub gab es gegen Mitte des 19. Jahrhunderts, als sich durch das wirtschaftliche Engagement des Bürgertums Schwerindustrie ansiedelte wie etwa die BASF und die Lanz-Werke.
Weitere Infos: www.tourist-mannheim.de, Willy-Brandt-Platz 5, 68161 Mannheim, Telefon (06 21) 2 93 87 00.

Altrheinarm und Schilflandschaft im Naturschutzgebiet Biedensand.

Ein sandiger Feldweg bringt uns zur Rudolf-Diesel-Straße. Hier gehen wir nach rechts. Nach 200 m überqueren wir an einer Ampel die Diffenestraße. Wir halten uns rechts und nach 100 m nach links in die Einsteinstraße. Deren Verlauf folgen wir. Die Einsteinstraße geht nach einer scharfen Linkskurve in die Straße »An der Kammerschleuse« über, die durch eine Kleingartenanlage führt.

Nach 400 m erreichen wir den Neckar und treffen auf den Alternativweg, der von der Friesenheimer Insel nach Mannheim führt. Entlang des Neckars können wir nun auf Wiesen in die Mannheimer Innenstadt wandern. Ein zusätzliches Wegzeichen taucht auf: das blaue N, das für den »Neckarsteig« steht. Da wir so lange wie möglich dem Neckar folgen wollen, lassen wir das Wegzeichen bis zu unserem Übernachtungsquartier kurz aus den Augen.

Wir unterqueren eine Eisenbahnbrücke, eine weitere Brücke, dann die Kurpfalzbrücke (Innenstadt), wandern an den futuristisch wirkenden, 1975 errichteten Bauten des Collini-Centers vorbei (Fahrradwegzeichen) und gehen nach etwa 400 m zur nun folgenden Brücke hinauf. Rechts das Universitätsklinikum. Wir folgen nun der vielbefahrenen B 38 auf der linken Seite.

Etliche Straßen müssen überquert werden. Nach 600 m biegt die Hochuferstraße leicht links ab. Ihr folgen wir. Die Hochuferstraße geht in das Sträßchen »Zum Herrenried« über. Dann überqueren wir die Herzogenriedstraße. Direkt hinter dem Bowlingcenter liegt das Naturfreundehaus Mannheim.

2. Tag: *Von Mannheim zum NFH Kohlhof*

Wir wandern bis zur großen Brücke am Universitätsklinikum den gleichen Weg zurück, überqueren die Brücke und gehen zum Fluss hinunter. Bis Seckenheim folgen wir nun dem Neckar bzw. den Wanderzeichen rotes R/blaues N. Der offizielle Wanderweg verläuft parallel zum Neckar und zu den Neckarwiesen. Unser Tipp: Wandern Sie doch einfach so lange wie möglich direkt am Neckar auf den Wiesen. An den wenigen Stellen, wo dies nicht geht, steht einige Meter weiter oben der asphaltierte Wander-/Radweg zur Verfügung.

Nach 6 km erreichen wir Seckenheim. Wir wandern immer weiter entlang des Neckars, unterqueren die Brücke, die nach Ilvesheim führt, und folgen der Altneckarschleife (Wörthfelder Weg), vorbei an den sogenannten Neckarplatten bis nach Ladenburg am rechten Ufer. Unsere Wanderzeichen sind nach wie vor das rote R und das blaue N. Wir kommen nach Neckarhausen. Die Neckarstraße bringt uns zur Eisenbahnbrücke. Auf dem Fußweg überqueren wir diese und kommen nach Ladenburg (106 m).

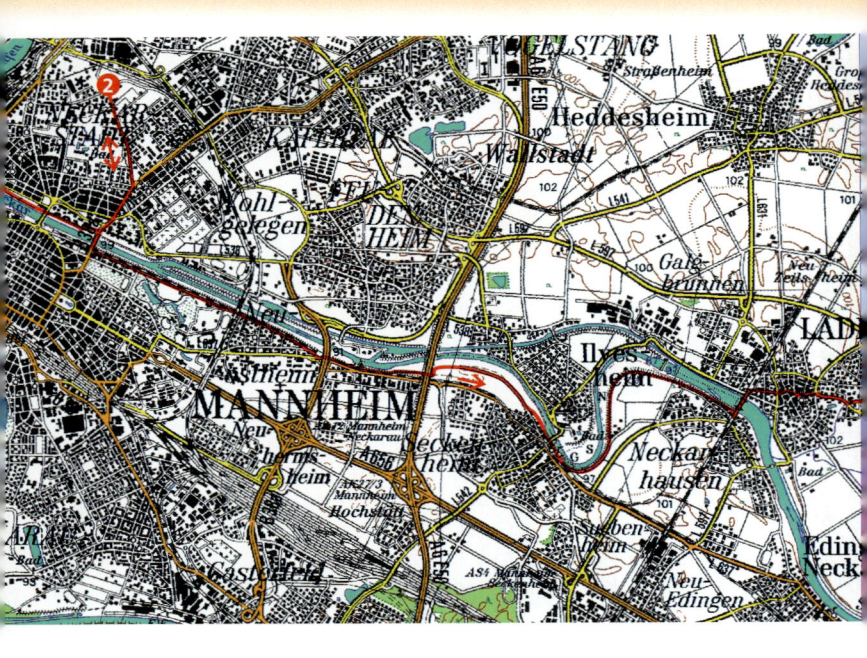

Hier wechselt das Wegzeichen. Die gekreuzten, liegenden gelben Balken auf braunem Grund sind nun unsere Orientierungshilfe. Direkt nach der Brücke überqueren wir die Ilvesheimer Straße und wandern wenige Meter die Straße »Am Bahnhof« entlang. Dann biegen wir rechts in die Friedrich-Ebert-Straße ein und folgen ihr bis zur Wallstadter Straße.

Diese überqueren wir und stehen vor dem historischen Stadtwall, der die Altstadt von Ladenburg umschließt. Wir marschieren durch das Stadttor und folgen der Cronbergergasse, bis diese auf die Hauptstraße trifft. Hier halten wir uns links und stehen nach 150 m mitten auf dem altehrwürdigen Marktplatz. Etliche Gasthöfe laden zum Pausieren ein.

Wir verlassen die Altstadt in östlicher Richtung auf der Hauptstraße und treffen an der Ecke Weinheimer Straße/Schriesheimer Straße auf die Trajanstraße. Wir gehen in diese etwa 25 m hinein. Dann überqueren wir die Straße und folgen dem Weg, der parallel zur Schriesheimer Straße Richtung Schriesheim geht (gelbes Kreuz).

Nach 500 m stößt dieser Weg auf den Weg »Am Kandelbach«. Hier überqueren wir die Schriesheimer Straße und folgen dem Wegzeichen (gelber Balken auf braunem Grund) bzw. dem sogenannten Schriesheimer Fußweg (der nach der Unterquerung der A 5 »Ladenburger« Fußweg heißt) durch die Obst- und Gemüseanbaufelder bis nach Schriesheim.

Dort treffen wir auf die Ladenburger Straße, folgen dieser 150 m nach links und biegen dann nach rechts in die Kurpfalzstraße ein. Diese trifft auf die Mannheimer Straße. Hier nach links und dieser Straße schnurgerade bis zur Landstraße bzw. dem OEG-Bahnhof folgen.

Nun müssen wir die Landstraße überqueren und der Bahnhofstraße 350 m folgen, bis diese auf die Heidelberger Straße trifft. Hier wenden wir uns nach links und folgen dieser Straße bis zum Kaffeehaus am Markt. Dort geht die Gasse »Oberstadt« nach rechts hinauf, dann nach links zum Schulgelände.

Hinter dem Schulgebäude müssen wir eine Treppe hinauf, die uns zum Burgweg führt. Diesem folgen wir dann bergauf zur Strahlenburg. Eine kurze Rast bietet sich an, bevor es weiter bergauf geht. Hinter der Burg folgen wir aber nicht mehr dem gelben gekreuzten Balken, sondern dem blauen B.

Dieses Zeichen gilt ab dem zweiten Wengerterweg, der nach rechts abgeht und uns in Halbhöhenlage durch Weinberge und lichte Hangwälder zur Ruine Schauenburg (275 m) führt. Wir haben immer wieder Rastmöglichkeiten und tolle Ausblicke auf die Rheinebene. Nach rund 3 km, kurz vor der Ruine, geht es nochmals ein kleines Stück bergauf durch den Wald.

Die Ruine Schauenburg wurde in der ersten Hälfte des 12. Jahrhunderts erbaut und während des Pfälzisch-Mainzischen Krieges 1460 zerstört. Seitdem ist die Anlage eine Ruine. Seit 1982 wird sie von der Arbeitsgemeinschaft »Schauenburg« gesichert. Erhalten geblieben sind die Reste einiger Grundmauern, Brückenpfeiler und Wirtschaftsgebäude. Die Burgruine wurde lang durch die immer näher rückenden Arbeiten im benachbarten Steinbruch bedroht.

Hier verlassen wir nun den markierten Weg und gelangen auf Trampelpfaden zu unserem ursprünglichen Wegzeichen, dem gelben Kreuz, zurück. Dafür müssen wir dem Pfad, der am ersten Naturschutzschild vor der Ruine beginnt, steil bergauf durch Kiefernwälder folgen. Wir treffen nach etwa 200 m auf einen ersten geschotterten Waldwirtschaftsweg.

Nun müssen wir nach rechts wandern und seinem kurvigen Verlauf 1 km folgen, bis er in einer Rechtskurve (bei einem kleinen Bach) auf einen größeren Wirtschaftsweg trifft. Wir folgen dem unmarkierten Pfad (nicht in der Wanderkarte verzeichnet!) in der Spitzkehre weiter bergauf und treffen nach 400 m oben auf dem Berg auf unser altes Wegzeichen, den gekreuzten gelben Balken. Nach rechts wandern.

Die freigelegte Ruine Schauenburg. Unterhalb davon liegt eine alte Westernkulisse, die für den ersten deutschen Cowboystummfilm errichtet wurde.

Nach 3,5 km erreichen wir dann den »Weißen Stein« (548 m), wo ein beliebtes Ausflugslokal zum Einkehren einlädt. Von dort folgen wir den gelben, liegend gekreuzten Balken 1,5 km, bevor uns dann der rote Strich auf weißem Grund nach links führt. Nach einer langgezogenen Linkskurve durch den Wald, weg von der Straße, und weiteren 1,5 km treffen wir auf die L 596 (überqueren), an deren rechter Seite uns der Weg parallel dazu nach Wilhelmsfeld (386 m) führt.

Ab hier gelten die weiß gekreuzten Balken auf schwarzem Grund. Dem Zeichen folgen wir nach rechts, nach Wilhelmsfeld hinein, dann gleich darauf an der Tankstelle nach links in die Altenbacher Straße. Ihr bleiben wir 600 m treu, bevor es nach rechts in den Kohlhofweg abgeht. An der Spitzkehre beginnt der Angelhofweg. Genau hier müssen wir dem Wegzeichen in den Wald nach rechts folgen; nach 1,5 km erreichen wir das Naturfreundehaus Kohlhof.

3. Tag: *Vom NFH Kohlhof nach Heidelberg*

Vom NFH wandern wir den gleichen Weg bis zum Ortsausgang bzw. -eingang von Wilhelmsfeld zurück. Links liegt ein Wanderparkplatz. Von ihm aus beginnen wir den leichten Anstieg zum Teltschikturm, der einen knappen Kilometer entfernt liegt. Unsere Wegzeichen sind die weißen gekreuzten Balken auf schwarzem Grund bzw. die Hinweisschilder, die direkt zum Turm weisen. Vom Turm aus (41 m hoch) haben wir einen wunderbaren Blick auf die Rheinebene bzw. tief in den Odenwald hinein.

Wir folgen dem Wegzeichen etwa 600 m weiter leicht bergab und treffen dann auf eine T-Kreuzung. Wir wenden uns nach rechts. Der geschotterte Wirtschaftsweg und die gelben gekreuzten Balken führen uns zur L 596 hinunter. Diese überqueren wir und treffen auf einen Wanderparkplatz. Von dort führt ein Waldweg direkt hinauf zum Ausflugslokal »Weißer Stein«. Die zweite Hälfte dieses 1,5 km langen Weges kennen wir von gestern.

Vom Ausflugslokal aus folgen wir der geteerten Zufahrtsstraße und dem Wegzeichen roter Strich auf weißem Grund, das uns bis zum Ende der Wanderung begleiten wird, 400 m leicht bergab. Dann stoßen wir auf eine Wegkreuzung. Geradeaus weiter, kurz darauf eine große Wegspinne.

Das Zeichen weist uns den Weg: Den leicht nach rechts abgehenden Weg nehmen. Auf unserem Weg zum Heidelberger Heiligenberg kommen wir nun auch an etlichen alten Weggabelungen und Wegweisern vorbei, die in roten Sandstein gehauen wurden. Manche sind richtig, manche verwirren: Deshalb immer auf den roten Strich achten.

Von der beschriebenen Wegspinne geht es auf geschotterten

Waldwegen etwa 2 km durch den Wald, bevor wir wieder auf eine große Wegspinne treffen. Hier rechts halten. Nach 400 m kommen wir zur Zollstockhütte. Jetzt heißt es kurz aufpassen. Von hier führt ein Pfad zum Heiligenberg bzw. zu der von den Nazis erbauten sogenannten Thingstätte (440 m) hinauf.

Etliche Pfade gehen ab. Immer auf das Wegzeichen schauen. Unterhalb der Freilichtbühne liegen noch die beeindruckenden Reste des Stephansklosters, ein großer Parkplatz, eine Waldschenke und, etwas weiter vorne, der Bismarckturm (toller Blick auf Heidelberg).

Etwas verwirrend kann nun auch der Abstieg zum Heidelberger Philosophenweg werden, da eine große Zahl von Trampelpfaden hinabführt. Deshalb konzentrieren und auf das Wegzeichen schauen. Keine Angst, wir kommen so oder so unten in Heidelberg an. Wenn wir richtig gegangen sind, erreichen wir nach 1,5 km durch den Wald den Philosophenweg, einen der romantischsten Orte Deutschlands. Von der kleinen Gartenanlage aus hat man einen atemberaubenden Blick auf das beliebteste Ausflugsziel Deutschlands, das Heidelberger Schloss und die Altstadt.

Wir folgen dem Philosophenweg nach rechts nach Heidelberg (114 m) hinunter und treffen auf die Bergstraße.

»Ich hab' mein Herz in/an Heidelberg verloren«, das dachte sich laut einer der vielen weinseligen Altstadtkneipengeschichten auch ein amerikanischer General, der gegen Ende des Zweiten Weltkriegs angeblich dafür verantwortlich zeichnete, dass das Luftbombardement auf die Stadt abgeblasen wurde. Er hatte anscheinend prägende Jahre seiner Studienzeit in der Stadt verbracht

Der Odenwald

Der berühmte Philosophenwegblick auf Alt-Heidelberg.

und sich in sie verliebt. Kein Wunder, gilt das wunderschöne Heidelberg mit seinem Altstadtensemble und dem Schloss doch als beliebtestes Ausflugsziel Deutschlands.
Erste Besiedlungsspuren fand man sowohl von den Kelten als auch den Römern. Urkundlich wurde die Stadt zum ersten Mal 1196 erwähnt. Im 13. Jahrhundert erfolgte dann der Ausbau von Stadt und Schloss nach genauem Plan. Mit Gründung der Universität 1386 begann die Blütezeit der Stadt als Hauptstadt der Kurpfalz. Heidelberg wurde während der Pfälzischen Erbfolgekriege (1688–1697) zweimal zerstört und im Stil des Barocks wiederaufgebaut. 1720 verlor die Stadt den Titel der kurfürstlichen Residenzstadt an Mannheim. 1803 kam Heidelberg an Baden und entwickelte sich während der Romantik zum beliebten Reiseziel, was nicht zuletzt mit der malerischen Schlossruine zusammenhängt.
Genaueres erfährt man bei der Tourist Info, Willy-Brandt-Platz 1, 69115 Heidelberg, Telefon (0 62 21) 5 84 44 44, E-Mail: touristinfo@heidelberg-marketing.de, www.heidelberg.de

Der Bergstraße folgen wir nach links und 50 m weiter nach rechts in die Neuenheimer Landstraße. 30 m weiter stoßen wir auf die Brückenstraße. Wir überqueren den Neckar und treffen auf den Hauptverkehrspunkt Heidelbergs, den Bismarckplatz. Von hier können wir mit der Straßenbahn zum Bahnhof fahren oder direkt in die Altstadt zu einem gemütlichen Abschluss.

Unterwegs auf dem Odenwälder Neckarsteig

*Eberbach – Teufelskanzel – Wolfsschlucht – **NFH Zwingenberger Hof** – Ruine Minneburg – Neckargerach – Margarethenschlucht – Diedesheim – Hochhausen – **NFH Neckarmühlbach** – Burg Guttenberg – Fünfmühlental – Burg Ehrenberg – Bad Wimpfen*

In den drei Tour-Tagen lernen wir den Neckar von seiner schönsten Seite kennen. Wir folgen dem Neckarsteig, einem Qualitätswanderweg, zwischen Eberbach und Bad Wimpfen. Immer wieder erklimmen wir die Höhen seitlich des Flusstales, um dann durch romantische Wälder wieder ins Neckartal hinunterzuwandern. Burgen und Ruinen und atemberaubende Ausblicke auf den Odenwald und das Neckartal zählen zu den Höhepunkten. Neben dem Neckartal liegen auf unserer Strecke auch etliche romantische Nebentäler und wilde Klingen, etwa die Wolfs- und die Margarethenschlucht. Am Ende wandern wir im idyllischen Fünfmühlental, um dann im hoch über dem Neckar thronenden mittelalterlichen Bad Wimpfen die Tour ausklingen zu lassen.

- **Übernachtung:** *Naturfreundehaus Zwingenberger Hof (teilbewirtschaftet/Selbstversorgung): Im Hoffeld 7–8, 69439 Zwingenberg, Telefon (0 62 63) 5 20, www.naturfreundehaus-zwingenberg.de*

  Naturfreundehaus Neckarmühlbach (Selbstversorgung): Ziegelhalde 35, 74855 Haßmersheim, verwaltet von den Naturfreunden Heilbronn, Telefon (0 71 31) 4 65 24, www.naturfreunde-heilbronn.de

- **Streckenlänge:** *16 km (1. Tag), 30 km (2. Tag), 14 km (3. Tag).*

- **Zeit:** *5½ Stunden (1. Tag), 8 Stunden (2. Tag), 5 Stunden (3. Tag).*

- **Karte:** *Freizeitkarte F 514 (Mosbach) im Maßstab 1 : 50 000. Herausgegeben vom Landesamt*

Der Odenwald   Tour 2

für Geoinformation und Landentwicklung Baden-Württemberg.

■ **Öffentliche Verkehrsmittel:**
Anfahrt: mit der Bahn von Heidelberg oder Heilbronn nach Eberbach. Abfahrt: mit der Bahn von Bad Wimpfen nach Heilbronn oder Heidelberg.

LöwenLine **(0 18 05) 77 99 66***
*Ihre Fahrplanauskunft im Land. 24 Stunden die besten Bus- und Bahnverbindungen erfahren.
(0,14 €/Min. aus dem dt. Festnetz; höchstens 0,42 €/Min. aus Mobilnetzen)

1. Tag: *Von Eberbach nach Zwingenberg*

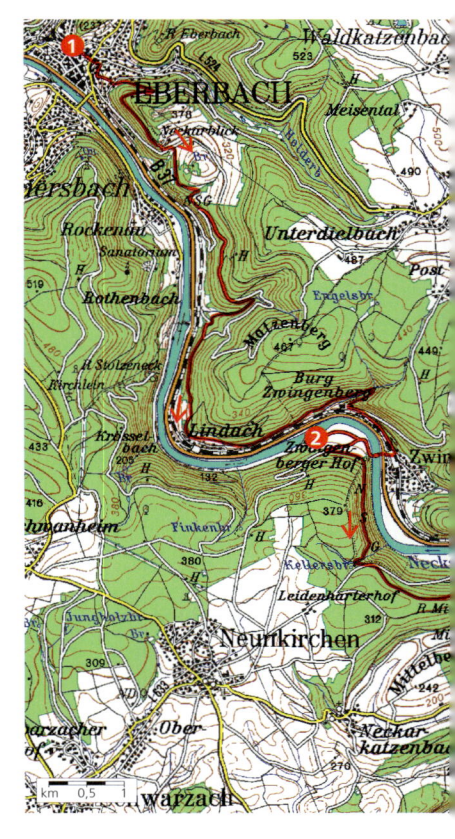

Wir erreichen den Ausgangspunkt der Wanderung, die Güterbahnhofstraße, indem wir die Gleise direkt am Bahnhof über eine Fußgängerbrücke überqueren. Dann wandern wir zur Odenwaldstraße vor, die wir nach rund 300 m erreichen. Sie müssen wir überqueren, um dann in der Straße »Am Spitalweg« bergan zu gehen.

Der Weg quert die Straße »Gässel« und stößt kurz danach auf die Scheuerbergstraße, der wir nach rechts folgen. Dann nach 200 m links in den »Von-Göler-Weg«. Es geht weiter bergauf. Der Weg stößt auf die Rudolf-Epp-Straße. 100 m nach rechts gehen und dann den Heiner-Knaub-Weg links hinauf, der nach 300 m in einen Wanderweg übergeht.

Der Wanderweg wird nach weiteren 100 m zum Pfad und zweigt vom Weg ab. In kleinen Serpentinen geht's berauf und nach 500 m kommen wir an einem Waldwirtschaftsweg heraus, an dem eine schöne Rasthütte mit geologischen Schautafeln und tollem Blick auf Eberbach hinunter liegt (Wegzeichen: rotes R/blaues N).

Unseren Zeichen und dem Waldwirtschaftsweg folgen wir leicht bergab und treffen nach 1 km auf eine schmale Fahrstraße. Links oben liegt das Hotel »Neckarblick« – ideal für eine kurze Rast. Wir gehen aber nach rechts hinunter und folgen den Kurven der Straße bis zum 50 m entfernten Wanderparkplatz Breitenstein. Ab hier ist es nun noch 1 km bis zum Aussichtspunkt »Teufelskanzel«, den wir zuerst entlang schöner Streuobstwiesen, später durch den Wald erreichen.

Von hier hat man einen wunderbaren Ausblick ins Neckartal und die Rockenauer Schleuse. Von der Teufelskanzel aus geht es nun erst gemächlich auf Pfaden, später auf Waldwegen (durch eine kleine Schlucht) ins Neckartal hinunter. Rechts tauchen nun immer öfter Streuobstwiesen und Weideflächen auf und der Neckar rückt immer mehr ins Blickfeld.

Nach etwa 6 km erreichen wir das ehemalige Bahnwärterhäuschen von Zwingenberg (148 m). Ab hier folgt nun der langsame Anstieg in

Aussicht auf Zwingenberg mit dem neu erbauten Neckarsteg.

die Wolfsschlucht und in den Wald hinein. Der Pfad nähert sich immer mehr der linken Schluchtwand an und nach 1,5 km mündet er in den trichterartigen Anfang der Schlucht.

Der Abstieg durch die Schlucht zur Burg Zwingenberg macht wirklich Spaß, ist aber bei nasser Witterung nicht ganz ungefährlich, vor allem am Ende der Wanderung, wenn die Kräfte und die Konzentration nachlassen. Schmale, steile Pfade führen uns über umgestürzte Bäume und entlang des Wildbaches zur Burg hinunter. An besonders ausgesetzten Stellen helfen Stahlseile und Stufen. Bereits nach 1 km ist der Abstieg direkt an der Burg vorbei.

Die »Veste Twingenberg«/Burg Zwingenberg blickt auf eine wechselvolle Geschichte zurück. Die imposante Anlage wurde im 13. Jahrhundert erbaut, im 14. Jahrhundert im Zuge einer Strafaktion gegen den Burgherrn, der sich als Wegelagerer hervorgetan hatte, zerstört und danach wiederaufgebaut. Seit 1808 befindet sich die Feste im Besitz des Hauses Baden. Führungen sind nach vorheriger Vereinbarung möglich. Unter Telefon (0 62 63) 41 10 10 oder www.schloss-zwingenberg.de gibt es Infos.

Die sogenannte Schlossstraße führt uns hinunter zum Bahnhof. Wir unterqueren die Gleise, halten uns links und können nun über die neue Brücke, die die alte Fähre überflüssig gemacht hat, den Neckar überqueren. Nach der Brücke rechts halten, am Bootsklub und dem Campingplatz vorbei der Fahrstraße folgen (Straße »Im Hoffeld«), dann die erste Abzweigung nach rechts nehmen und dem Hinweisschild zum Naturfreundehaus Zwingenberg folgen, einer Häuseransammlung, die nach 1 km erreicht ist und direkt gegenüber der Burg Zwingenberg liegt.

2. Tag: *Von Zwingenberg nach Neckarmühlbach*

Wir wandern heute Morgen auf dem Sträßchen »Im Hoffeld« bis zur ersten Kreuzung zurück. Dann weisen uns die gekreuzten roten Balken nach rechts bergan. Nach 300 m geht dann ein unmarkierter Weg nach links ab (den ersten Feldweg nach 200 m ignorieren).

Auf diesem Weg wandern wir 1,5 km auf halber Höhe des Hangs erst am Waldrand entlang, dann durch den Wald. Am Ende der 1,5 km geht es kurz bergan und wir treffen bei einer Kreuzung auf den mit dem blauen N markierten Wanderweg. Nun nach links: Diesem Wegzeichen folgen wir 2 km auf der Talhöhe durch den Wald bis zur Ruine Minneburg (258 m).

Nach der Besichtigung verlassen wir die imposante Burganlage und halten uns links (kein Wegzeichen, nicht auf der Karte verzeichnet). Nach 20 m wiederum nach links und dem Waldweg 300 m bergab zum Neckar

Tour 2   Der Odenwald

Aufpassen, die Wege der Margarethenschlucht sind steil, schmal und manchmal ausgesetzt.

folgen, die letzten Meter davon in kleinen Serpentinen. Wir erreichen die Uferstraße (Neckargeracher Straße), wandern nach rechts und überqueren den Neckar auf der Autobrücke nach Neckargerach (137 m): Nach der Überquerung direkt links halten und der Hauptstraße 120 m folgen, dann nach rechts in die Friedhofstraße, an deren Ende rechts der Bahnhof liegt.

Wir überqueren die Gleise auf dem Fußgängerübergang und wandern dann direkt nach rechts, auf einem Pfad Richtung Margarethenschlucht. Den Beginn des Schluchtrundweges erreichen wir nach 300 m. Wir gehen geradeaus weiter, nun wieder dem roten R bzw. dem blauen N folgend.

Nach 1,5 km erreichen wir auf einem tollen Pfad oberhalb des Neckars die eigentliche Schlucht. Sie ist mit einem einfachen Klettersteig erschlossen, der aber bei nasser Witterung nicht ungefährlich ist. Eine Begehung lohnt sich unbedingt. Wer will, kann seinen Rucksack ablegen, 15 Minuten einsteigen, die spektakulärsten Stellen kennenlernen und dann wieder zurückkehren.

Die Margarethenschlucht ist wie die Wolfsschlucht eine sogenannte Klinge, ein steiles, schluchtartiges Tal. Beide verlaufen durch die für den südlichen Odenwald typischen geröteten Buntsandsteinschichten, die bereits 250 Millionen Jahre alt sind. Die Schluchtwände sind aufgrund der Erosionsprozesse weitgehend frei von Vegetation.

In den Klingen hat sich ein sogenanntes geologisches Gleichgewicht eingestellt. Das bedeutet, das sich die Erosionen bzw. ihr Abtransport durch das Gewässer die Waage halten. So wird die Sohle der Schlucht nicht wesentlich tiefer bzw. aufgeschüttet. Ein spezielles Schluchtklima führt zu einer für den Odenwald bzw. das Neckartal eher untypischen Vegetation mit Moosen, Farnen und Flechten.

Wir gehen weiter, oberhalb der Bahnstrecke, auf einem alten Weg, der mit roten Sandsteinmauern begrenzt ist. Schauen wir zurück, sehen wir nochmals spektakulär die Minneburg. Unter uns fließt der Neckar. Wir folgen weiter dem roten R, das nach 1 km wieder mit dem blauen Neckarsteig (N) zusammentrifft.

Unsere Route verläuft durch den Wald auf einem Forstweg und kürzt eine Neckarschleife ab. Kurz darauf treffen wir auf ein Wildgehege. Der Weg wird enger, geht langsam bergab, dann an einer Schutzhütte wieder leicht bergan, um kurz darauf vollends hinab ins Tal zu führen.

Das N und das R führen uns nun parallel zur Bahntrasse ins Diedesheimer Industriegebiet hinein. Der Weg geht am Ortseingang in den Unteren Weinbergweg über. An dessen Ende überqueren wir die Gleise auf einer Brücke, stoßen auf den Oberen Herrenweg und folgen diesem nach rechts. Nach 600 m dann die Heidelberger Straße. Auf dieser wandern wir 300 m nach links und überqueren dann den Neckar auf der Autobrücke nach Obrigheim (147 m). Direkt nach Brückenende zweigt ein Fußweg nach links zum Neckar hinunter ab. Auf dem Radweg (Auweg), der später Neckarstraße heißt, wandern wir nun 1,5 km. Ungefähr 400 m vor der nächsten Neckarbrücke/dem Straßenei (auf Sicht) nehmen wir die kleine Stichstraße (Hochhäuser Straße) bei der Firma Arco zur gleichnamigen Straße nach rechts hinauf.

Nun wandern wir etwa 50 m nach links und überqueren zuerst die Hochhäuser Straße und gleich darauf die L 292 (Achtung). Auf dem Seitenstreifen geht es nun im Gänsemarsch 40 m zurück. Dort zweigt ein Sträßchen nach links hinauf ab. Diesem folgen wir 400 m und treffen dann im Wald wieder auf unsere mit dem gelben R auf schwarzem Grund markierte Route.

Es geht nach links, auf einem Forstweg bergab, der nach etwa 1 km in einen Pfad übergeht. Nach 500 m erreichen wir dann unterhalb des NSG Hochhausener Weinberge Hochhausen (141 m) und wandern in die Straße »In der Hälde«, treffen dann auf die Räppelstraße, welche wiederum auf die Hauptstraße trifft. Diese wandern wir dann bis zum Schloss bzw. zur Schloßsteige hinunter. Der Wanderweg ist jetzt auch für kurze Zeit ein Fahrradweg: Nach rechts, der Schloßsteige (später Seesteige) aus dem Ort hinausfolgen.

An der Kreuzung, die auch zum Schützenverein führt, folgen wir der Haßmersheimer Straße. Nach 400 m zweigt ein Feldweg ab, der zum Wald hinaufzieht. Den nehmen wir (gelbes R). Das Wegzeichen führt uns dann durch eine längere S-Kurve zum oberen Ende eines Steinbruchs, an dessen oberer Kante wir quasi entlangwandern. Nach 700 m stoßen wir auf die L 529, wandern parallel zu dieser bergab und überqueren sie nach 600 m.

Jetzt nochmals kurz konzentrieren! Nach 100 m die erste Abzweigung rechts, dann nach links, geradeaus weiter, die Route beschreibt eine lange Rechtskurve, nach 1,5 km scharf rechts und dann nach 100 m die linke Abzweigung nehmen. Dieser Weg bringt uns nach 1 km zum Etappenziel, dem Selbstversorgerhaus Naturfreundehaus Neckarmühlbach.

3. Tag: *Von Neckarmühlbach nach Bad Wimpfen*

Via Ziegelhaldenweg wandern wir nach Neckarmühlbach hinein, stoßen dort auf die Haßmersheimer Straße (via Stich), um dann gleich darauf nach links in die Heinsheimer Straße einzubiegen (gelbes R). Gleich darauf nach rechts in die Ortsstraße und gleich wieder nach rechts in den Wald hinein und dem Forstweg 350 m folgen. Dann geht es an einer T-Kreuzung scharf nach links ab und wir erreichen gleich darauf die Deutsche Greifenwarte auf Burg Guttenberg, die wir auf jeden Fall besichtigen sollten.

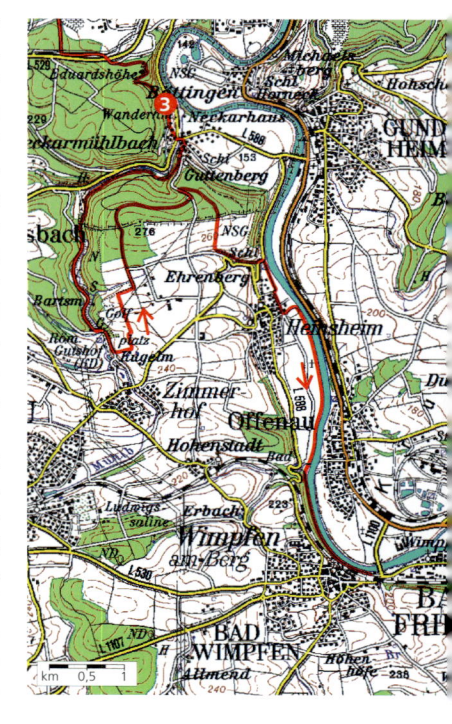

Nach dem Zwischenstopp geht es zurück in den Wald zum Forstweg. Ab hier der roten Raute ins Fünfmühlental folgen, das 1,5 km entfernt ist. Am Anfang des 3 km langen Tals wandern wir auf einem Pfad parallel zur K 3947, dann auf asphaltierten und geschotterten Wegen und zum Schluss wieder auf einem Pfad durch das malerische Tal. Am Gasthof »Mühlenschenke« beginnt der eigentliche Talweg. Diverse Restaurationen laden zum Verweilen ein. Am Ende des Tales stoßen wir auf das Klärwerk der Gemeinde Zimmerhof. Wir wandern an diesem auf der Fahrstraße vorbei.

Gleich darauf geht ein in der Karte bisher nicht verzeichneter Feldweg nach links ab. Dieser bringt uns zuerst durch den Wald, dann am Waldrand nach 600 m zu einem Feldweg hinauf. Nun können wir uns entscheiden: Folgen wir dem hier auftauchenden blauen N nach rechts direkt nach Heinsheim oder nach links, um noch die Gäßnerklinge und die Ruine Ehrenberg mitzunehmen (etwa 2 km zusätzlich)?

Da die Tagesetappe kurz ist, beschreiben wir die längere Wegalternative. Wir wandern also auf dem Feldweg nach links und folgen dem blauen N in den Wald hinein. Im Prinzip wandern wir nun parallel zu unserem vorherigen Mühlentalweg zurück Richtung Burg Guttenberg – nun aber im tiefsten Wald. Nach

Hoch über dem Neckar thront das mittelalterliche Bad Wimpfen.

2 km treffen wir auf einen Parkplatz (242 m). Hier nach links gehen; gleich darauf wieder ein Parkplatz auf der linken Seite.

Auf der gegenüberliegenden Straßenseite weist uns nun wieder das gelbe R auf schwarzem Grund nach rechts auf einen Pfad. Es geht leicht bergab. Nach 500 m treffen wir auf offenes Feld. Nach weiteren 400 m erreichen wir den Eingang zur Gäßnerklinge. Hier kann man nun noch einen kleinen Abstecher zur 300 m entfernten Burg Ehrenberg machen. Wir steigen die Klinge hinunter. Am Ende der Klinge liegt links das kleine Naturschutzgebiet Hohberg. Am Klärwerk vorbei geht es vollends zum Fluss hinunter.

Ab hier folgen wir dem blauen N, das uns quasi direkt am Neckar entlang ins 4 km entfernte Bad Wimpfen bringt. Wir wandern den Uferweg bis zur Neckarbrücke unterhalb der mittelalterlichen Stadt. Hier nehmen wir die Straße »Alte Steige« zur S-Bahn-Haltestelle/Tourist-Information (TI) hinauf und überqueren gleichzeitig die Gleise. Die TI ist ein idealer Ausgangspunkt, um die herrliche Altstadt zu erkunden und einen schönen Tourabschluss zu feiern.

Die genauen Ursprünge der Stadt liegen im Dunkeln, doch lassen sich Siedlungsreste seit dem 5. Jahrhundert v. Chr. nachweisen. Das hat vor allem mit dem attraktiven Standort an sich zu tun, da Bad Wimpfen am Kreuzungspunkt des Kraichgaus, Odenwaldes, Hohenlohes und des Neckartals liegt. Greifbarer wird die Geschichte der Stadt mit dem Auftauchen der Römer. Das römische Kastell in Wimpfen im Tal kann vermutlich als Keimzelle der Stadt betrachtet werden.

Nach dem Verschwinden der Römer kamen die Franken und somit auch das Christentum, dem wir viele der prachtvollen Bauten der Stadt zu verdanken haben. In der wechselvollen Geschichte des Mittelalters wurde Bad Wimpfen während der Stauferzeit Kaiserpfalz. Danach emanzipierte sich das Bürgertum zunehmend und Bad Wimpfen wurde um 1300 eine freie Reichsstadt. Es folgte eine lange Phase der Prosperität.

Gingen die Bauernkriege noch relativ spurlos an der Stadt vorbei, bedeutete der Dreißigjährige Krieg eine Katastrophe. Vor den Toren der Stadt fand 1622, neben etlichen anderen Heimsuchungen, eine der größten Schlachten des Konflikts statt. Am Ende des Krieges lebten gerade noch 37 Familien in der verwüsteten Gemeinde.

Die Stadt erholte sich nur sehr langsam. Ein wichtiger Beitrag leistete dabei die Gründung der Saline Ludwigshalle 1817, die Wimpfen (seit 1930 »Bad«) als Bade- und Kurort etablierte. Übrigens: Bad Wimpfen gehört erst seit 1951 zum Ländle. Davor war die Stadt als exterritoriale »Perle in der Krone Hessens« ein Teil jenes Bundeslands.

Genaueres erfährt man unter www.badwimpfen.de und unter Telefon (0 70 63) 9 72 00 (Tourist-Information).

Der Naturpark Schwäbisch-Fränkischer Wald

Die Grenzen des nordöstlich der Landeshauptstadt Stuttgart gelegenen Naturparks werden unter anderem von den Städten Schwäbisch Gmünd, Backnang, Öhringen und Schwäbisch Hall gebildet. Die Meereshöhe des Naturparks bewegt sich von 200 m im Sulmtal bis 600 m im Bereich der Höhenlagen um Gschwend. Mit einer Fläche von 900 Quadratkilometern umschließt der 60. Naturpark der Bundesrepublik Deutschland verschiedene Wald- und Landschaftsgebiete.

Im Süden ist dies der Welzheimer Wald. Auch die Mitte des Naturparks ist von Wäldern dominiert, dem Murrhardter und dem Mainhardter Wald. Im Westen schließen die vom Weinbau geprägten Löwensteiner Berge an. Im Nordosten sind es die Frickenhofer Höhe und die beinahe unendlich scheinenden, bewaldeten Waldenburger Berge.

Östlich von Schwäbisch Hall beginnt Hohenlohe mit der sogenannten Hohenloher Ebene. Grenzen bilden im Osten das bayerische Franken, im Norden das Bauland um Mosbach, im Süden die Ostalb und im Westen das Neckartal. Der höchste Punkt wird in Waldenburg mit 523 m verortet. Die Hohenloher verstehen sich eher als Franken denn als Schwaben.

Geologie

Der markante Westrand des Naturparks erhebt sich deutlich sichtbar aus der Gäulandschaft heraus. Der Weinbau prägt hier an der Westgrenze das Bild. Während die Hochflächen des Naturparks insbesondere von Stubensandstein gebildet werden, findet sich in mittleren Lagen (etwa um Welzheim) der Knollenmergel.

Kennzeichnend für ihn ist seine rote Farbe; er wirkt in Verbindung mit Wasser wie »Schmierseife«. Wird in seinem Gebiet gebaut, sind gegebenenfalls besondere Gründungsverfahren nötig. In den tieferen Lagen findet man den »Schwarzjura alpha«, der für fruchtbare Ackerböden bekannt ist.

Das Flusssystem im Naturpark hat die Besonderheit, dass bis vor ein paar Millionen Jahren das Gebiet größtenteils in die Donau entwässerte. Erst durch den Einbruch des Rheingrabens änderte sich dies, so dass nun Rems, Neckar und Rhein das Wasser des Schwäbischen Waldes in Richtung Nordsee transportieren.

Hohenlohe ist von vielen Flüssen und Bächen durchzogen, die im Lauf der Jahrtausende unzählige Täler aus der eher weit geschwungenen Landschaft geschnitten haben. Dass Hohenlohe das größte Muschelkalk-Karstgebiet Deutschlands ist, sieht man erst auf den zweiten oder dritten Blick, da die Kalk- und Karstschichten meist von anderen geologischen Schichten bedeckt sind.

Geschichte

Spuren menschlicher Besiedelungen lassen sich bis zu 300 000 Jahre zurückverfolgen. Das Gebiet war jedoch noch bis zu Beginn des 9. Jahrhunderts von Urwald bedeckt; die ersten bedeutenden Siedlungen sind erst durch die Römer entstanden. Zum Obergermanischen Limes, der durch den heutigen Naturpark verlief und dessen Reste teilweise heute noch erkennbar sind, gehörten Kastelle in Welzheim, Lorch, Mainhardt, Murrhardt und Öhringen. Außerdem gab es am Limes über 100 Wachtürme.

Der Limeswanderweg führt an den Resten des Limes vorbei. In Welzheim beispielsweise wurde das Römerkastell rekonstruiert. Interessant ist auch, dass die Grenze zwischen Schwaben (Alemannen) und Franken durch den heutigen Naturpark verlief. Aus diesem Grunde werden in den einzelnen Gebieten auch verschiedene Dialekte gesprochen.

Erst ab 800 n. Chr., in der Karolingerzeit, wurden die seither weitgehend »unberührten« Urwälder stärker gerodet und der Wald zugunsten von Siedlungen, Ackerbau und Weidelandschaft bis auf die Hälfte der heutigen Waldfläche zurückgedrängt. Dieser Rodungshöhepunkt war im 13. Jahrhundert erreicht.

Das relativ raue Klima im Inneren des Gebiets sowie nachlassende Fruchtbarkeit der schlechten Böden und der Dreißigjährige Krieg wirkten der Rodungswelle entgegen. Der Wald unterlag immer wieder Veränderungen, so dass der ursprüngliche Zustand nicht mehr mit dem heutigen zu vergleichen ist.

Mitte des 16. Jahrhunderts gab es über 20 Hütten zur Glasherstellung, außerdem viele Kohlenmeiler zur Gewinnung von Holzkohle. Die

Endung »-hütte« (z. B. Althütte, Cronhütte) im Ortsnamen deutet auf einstige Standorte der Köhlerei hin. Ab Mitte des 17. Jahrhunderts forstete man die Wälder mit schneller wachsenden Nadelhölzern, insbesondere Fichte und Kiefer, wieder auf.

1979 wurde der »Naturpark Schwäbisch-Fränkischer Wald« gegründet. Der Georg-Fahrbach-Weg, ein Hauptwanderweg des Schwäbischen Albvereins, verläuft mitten durch den Naturpark. Wer möchte, kann auch auf den Spuren der Römer dem Limeswanderweg folgen oder sich auf dem Mühlenwanderweg in die alten Zeiten der durch Wasserkraft angetriebenen Mühlen zurückversetzen lassen.

Die Kelten, Römer und Alemannen bildeten in Hohenlohe die im Südwesten bekannte Besiedlungsreihenfolge, bevor dann ab etwa 800 n. Chr. die Franken auftauchten. Die große Anzahl an Schlössern, Burgen und Klöstern zeugt von der großen Bedeutung der Landschaft im Mittelalter. Der bekannteste Ritter war wohl Götz von Berlichingen. Im napoleonischen Zeitalter verlor Hohenlohe seine Unabhängigkeit und wurde unter Bayern und Württemberg aufgeteilt.

Klima, Flora und Fauna

Der Naturpark Schwäbisch-Fränkischer Wald kann im Wesentlichen in drei unterschiedliche Regionallandschaften aufgegliedert werden.

Die etwas tieferen Lagen (maximal 300 m) im Westen des Naturparks sind vom Weinanbau geprägt. Dort finden sich noch artenreiche Mischwälder, die vor allem aus Eichen, Linden, Buchen und Ahorn bestehen. Hier gibt es auch nur mäßig hohe Niederschläge und die Temperaturen liegen im Mittel um ein Grad höher als in der mittleren Zone.

Die mittlere Zone, z. B. die Waldenburger Berge, ist im Jahresdurchschnitt etwas niederschlagsreicher und etwas kühler Weinbau gibt es hier nicht mehr und die Wärme liebende Eiche wird etwas zurückgedrängt.

Den größten Teil des Schwäbisch-Fränkischen Waldes bilden Murrhardter, Welzheimer und Mainhardter Wald. Diese Gebiete liegen etwas höher, so dass die Temperaturen im Jahresmittel teilweise mehr als 1,5 Grad unter denen der mittleren Zone liegen. Außerdem ist es hier im Mittel niederschlagsreicher als in den beiden anderen Zonen. Die Eiche ist deshalb hier relativ selten zu finden. Dafür bestimmen Buchen- und Tannenwälder das Bild.

Hohenlohe ist sehr von der Landwirtschaft geprägt. Dementsprechend hoch ist der Anteil des Ackerlandes im Landschaftsbild. Die Flusstäler bilden daher wichtige Reservate für seltene Fauna und Flora. So findet man z. B. in der Jagst 75 Prozent aller in Baden-Württemberg vorkommenden Fischarten, die sich von dort wiederum in den Neckar und in andere Flüsse ausbreiten können.

Von Öhringen ins Herz des Schwäbisch-Fränkischen Walds

Öhringen – Baierbach – Maienfels – **NFH Steinknickle** *– Wüstenrot – Spiegelberg – Juxkopf – Sulzbach an der Murr –* **Wanderheim Eschelhof (SAV)** *– Hörschbachschlucht – Murrhardt*

Von Öhringen in der Hohenloher Ebene führt uns die Wanderung entlang des Limes in den Mainhardter und Murrhardter Wald, die zum Naturpark Schwäbisch-Fränkischer Wald gehören. Eine Burg und zwei Aussichtstürme ermöglichen einen weiten Blick über den Naturpark. Kleine, romantische Schluchten und ein See zeigen auf dieser Wanderung die abwechslungsreiche Schönheit des Naturparks. Der Limes, ein ehemaliger Silberstollen und ein früherer Wetzsteinstollen geben Aufschluss über die Geschichte der Menschen in dieser Gegend.

■ **Übernachtung:**
Naturfreundehaus Steinknickle (teilbewirtschaftet/Selbstversorgung): Naturfreundeweg 21, 71541 Wüstenrot (Neuhütten), Telefon (0 79 45) 3 41, www.naturfreunde-heilbronn.de, Anmeldung: Georg Dukiewicz, Telefon (0 71 31) 4 65 24.

Wanderheim Eschelhof des Schwäbischen Albvereins (teilbewirtschaftet/Selbstversorgung): Eschelhof 2–4, 71560 Sulzbach an der Murr, Telefon (0 71 93) 84 85 bzw. (0 71 93) 66 60, www.eschelhof.de

■ **Streckenlänge:** *20 km (1. Tag), 28 km (2. Tag), 10 km (3. Tag).*

■ **Zeit:** *6 Stunden (1. Tag), 8 Stunden (2. Tag), 3½ Stunden (3. Tag).*

■ **Karte:** *Freizeitkarte F 518 (Schwäbisch Hall) im Maßstab 1 : 50 000. Herausgegeben vom Landesamt für Geoinformation und Landentwicklung Baden-Württemberg.*

- **Anschlusshütte/Tourverlängerung ab Eschelhof:** Naturfreundehaus »Auf der Heide«, Welzheim.

- **Öffentliche Verkehrsmittel:** *Anfahrt: mit der Bahn bis Öhringen. Abfahrt: mit der Bahn von Murrhardt.*

Löwen*Line* **(0 18 05) 77 99 66***
Ihre Fahrplanauskunft im Land. 24 Stunden die besten Bus- und Bahnverbindungen erfahren. *(0,14 €/Min. aus dem dt. Festnetz; höchstens 0,42 €/Min. aus Mobilnetzen)

1. Tag: *Von Öhringen zum NFH Steinknickle*

Die Wanderung beginnt in Öhringen am Bahnhof. Wir gehen die Bahnhofstraße entlang, überqueren die Schillerstraße (L 1036) und halten direkt auf das »Café am Markt« zu. Hier wenden wir uns nach links und folgen der Fußgängerzone (Poststraße) zum Marktplatz, der rechts von uns erscheint.

Den Platz überquerend, gehen wir beim Rathaus durch eine Hofeinfahrt und erblicken den Hofgarten, durch den wir wandern und dabei die Brücke über die Ohrn überqueren. Wir gehen links am Tiergehege vorbei und folgen dem Weg durch den Hofgarten, den wir durch eine Unterführung unter der Hunnenstraße verlassen.

Der Weg folgt etwa 1 km dem Flusslauf der Ohrn und ist der Radweg Richtung Waldenburg, ehe wir bei einem Wegweiser der Keltern-Runde nach rechts abbiegen. Vor uns erblicken wir einen Wasserturm, bis zu dem wir auf dem ansteigenden asphaltierten Weg wandern. Vor uns erhebt sich der Mainhardter Wald, durch den uns die Wanderung noch führen wird. Kurz nach dem Wasserturm folgen wir erneut der Keltern-Runde links auf einen kleinen Trampelpfad. Nach rund 300 m erreichen wir einen Schotterweg.

Wir verlassen die Keltern-Runde und biegen rechts ab. Diesem Weg folgen wir etwa 700 m geradeaus eine Anhöhe hinauf, auf der wir zur Rechten Pfedelbach und zur Linken Oberohrn erblicken. Am Ende des Feldwegs gehen wir rechts vor zur Straße, folgen dieser rund 200 m nach links, überqueren sie und kommen auf schmalem Weg geradeaus am Friedhof vorbei. Wir sind nun auf dem Limeswanderweg (HW 6), dem wir wellig bis zum Friedhof am Ortsausgang von Baierbach folgen. Dort gehen wir rechts auf dem zweiten geschotterten Feldweg leicht ansteigend etwa 300 m aufwärts.

Dem zweiten Feldweg folgen wir nach links und gehen unterhalb von Vorderespig auf Feldwegen etwa 1,5 km geradeaus, bis der Weg am Ende eine Linkskurve beschreibt.

Der Naturpark Schwäbisch-Fränkischer Wald   Tour 3

Wir biegen gleich wieder nach rechts ab und kommen an einer Limes-Informationstafel vorbei.

Eine Straße überquerend wandern wir geradeaus auf dem geteerten Weg abwärts, der in einer Linkskurve einen kleinen Bach quert und uns genau auf die Weinberge zuführt. Wir biegen rechts ab und gehen am Fuß der Weinberge entlang. Einer Linkskurve folgend biegen wir dann erneut nach rechts ab.

Nach rund 50 m erkennt man wieder das Limeswanderweg-Zeichen (HW 6), dem wir auf einem kleinen Trampelpfad in den Wald hineinfolgen. Der Pfad führt uns steil bergauf. Auf dem zweiten Waldweg biegen wir links ab. Leider ist das Limeswanderweg-Zeichen erst später wieder zu sehen.

Der Waldweg beschreibt eine leichte Rechtskurve und nach ungefähr 500 m folgen wir dem Limeswanderweg rechts eine Holztreppe hinauf. Der schmale Pfad führt uns nach oben und wir erblicken kurze Zeit später rechts des Weges das steinerne Fundament eines ehemaligen sechseckigen Wachturms.

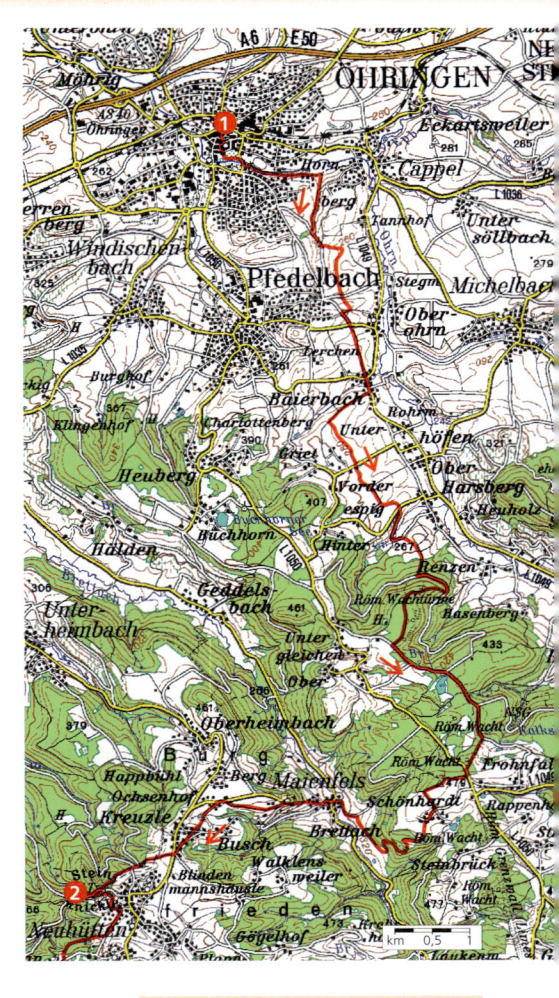

Der Obergermanisch-Rätische Limes ist seit 2005 Weltkulturerbe der UNESCO. Er ist ein 550 km langer Abschnitt der ehemaligen Außengrenze des Römischen Reichs zwischen Rhein und Donau. Da er sich wenig an Flüssen und Gebirgszügen als na-

47

türlichen Grenzen orientiert, umfasst er die längste Landgrenze im europäischen Abschnitt des Limes.

Mehrere Abschnitte des Obergermanischen Limes fallen durch einen exakt geradlinigen Verlauf auf, dessen Präzision in der Antike unerreicht war. Mit über 80 km Länge war der Teilabschnitt des Limes zwischen Walldürn und Welzheim, also hier bei unserer Wanderung, die längste geradlinige Trasse der Antike.

Dem Limeswanderweg folgend verlassen wir nach 1 km kurz den Wald, biegen nach links auf das Römersträßchen ab und können nach einem weiteren Kilometer kurz nach der Kreuzung mit der Fürstenstraße rechts einen kleinen Pfad zum idyllischen Gleichener See (422 m) nehmen. Er lädt zu einer kleinen Rast ein.

Wieder zurück auf dem Limeswanderweg, biegt dieser nach 1 km rechts vom Schotterweg ab auf einen kleinen Trampelpfad den Berg hinauf. Nach 500 m erreichen wir eine Straße (L 1050), der wir 50 m nach links folgen. Gleich am Waldrand biegen wir nach rechts auf einen geschotterten Weg ab.

Hier verlassen wir den Limeswanderweg und folgen nun über Schönhardt und Brettach bis Maienfels dem Frankenweg (HW 8, roter Strich). Ab Brettach ist unser Weg zusätzlich mit einem grünen N auf weißem Grund (Naturfreundehaus Steinknickle) gekennzeichnet. Dieses Zeichen begleitet uns nun bis zum NFH Steinknickle.

Das Zentrum von Öhringen mit Marktplatz und Rathaus.

Allerdings können wir in Maienfels über die Brennofengasse einen kleinen Abstecher zur Burg Maienfels (454 m) unternehmen. Sie befindet sich in Privatbesitz, der Hof kann aber bei geöffnetem Tor besichtigt werden. Dies wird mit einem herrlichen Blick über das Brettachtal belohnt.

Zurück auf dem Weg zum Naturfreundehaus, durchqueren wir noch die Weiler Schweizerhof und Busch, an dessen Ortsende wir über den Baumwipfeln den Steinknickleturm erblicken, zu dessen Füßen sich unser heutiges Etappenziel, das Naturfreundehaus Steinknickle, befindet. Nach weiteren 1,5 km sind wir an unserem Etappenziel angelangt.

Umgeben von Bäumen liegt das gemütliche Naturfreundehaus Steinknickle.

2. Tag: *Vom NFH Steinknickle zum Wanderheim Eschelhof (SAV)*

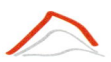

Direkt neben der Terrasse des Naturfreundehauses gehen wir aufwärts aus dem Wald auf eine Lichtung, wo wir den Steinknickleturm (525 m) sehen. Eine Besichtigung ist wegen der grandiosen Sicht über die Löwensteiner Berge, den Mainhardter und Murrhardter Wald unbedingt zu empfehlen. Informationen gibt es bei Adolf Feucht, Telefon (0 79 45) 12 69. Vom Steinknickleturm gehen wir zurück auf den Weg vom Naturfreundehaus und biegen am Ortsanfang von Neuhütten nach rechts auf einen schmalen Weg ab.

Ein Schild »Fußweg Sportplatz und Hasenhof« weist uns den Weg am Waldrand entlang über Wiesen leicht links haltend auf eine kleine Asphaltstraße (Bärenbronner Weg). Dieser folgen wir etwa 100 m nach rechts, um bei nächster Gelegenheit wieder rechts auf einen Waldweg abzubiegen.

Dieser Weg ist wieder mit einem grünen N (Naturfreundehaus Steinknickle) gekennzeichnet, allerdings genau in die andere Richtung. Ihm folgen wir, bis wir auf ein Telegrafenhäuschen treffen. Wir biegen rechts ab auf die Straße durch den Weiler Hasenhof, bis wir auf die Bundesstraße (B 39) stoßen.

Der B 39 folgen wir 200 m nach rechts bis zur Bushaltestelle Stollenhof. Dort kommen wir nach links an der Quelle der Rot vorbei und

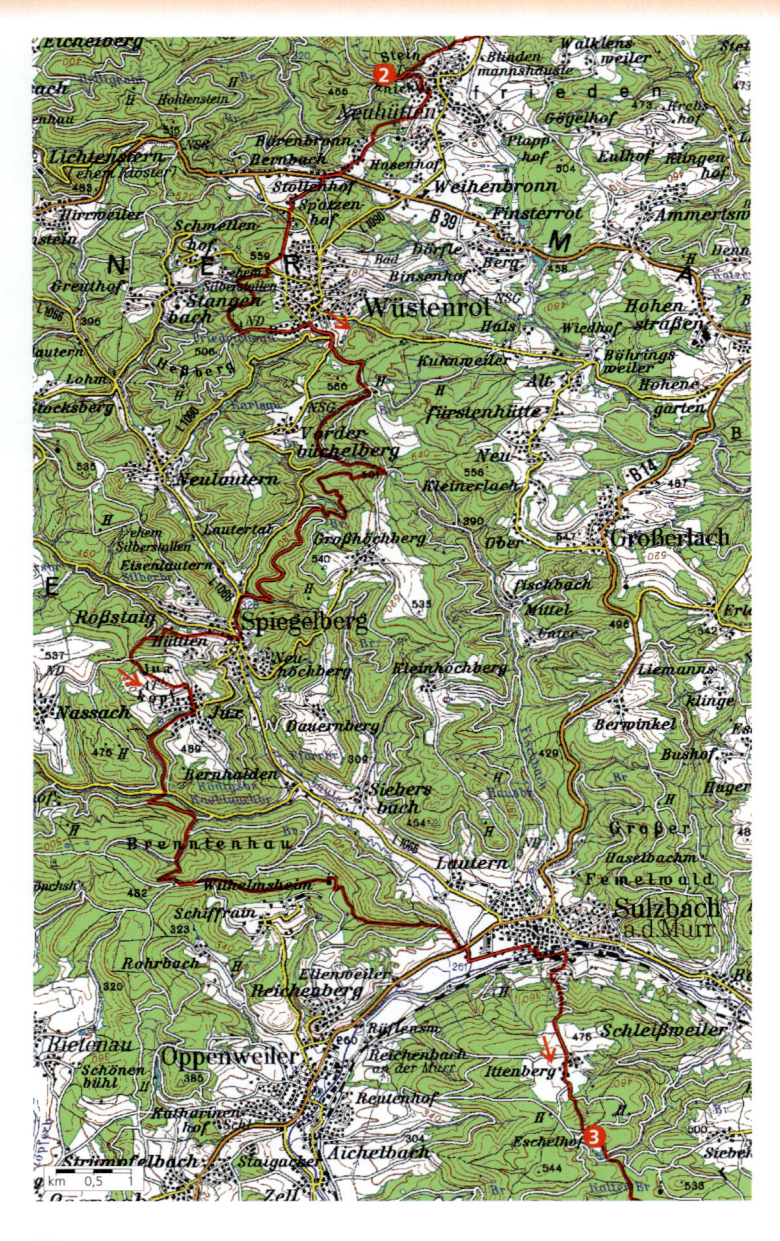

Tour 3 — Der Naturpark Schwäbisch-Fränkischer Wald

durchqueren den Weiler Spatzenhof. An der Straßenkreuzung gehen wir 100 m nach links die Löwensteiner Straße (K 2102) entlang und biegen rechts ab in die Wesleystraße, die einen schönen Blick auf Wüstenrot und die Umgebung zulässt.

Am Ende der Hecke folgen wir dem Schild »Silberstollen, Wellingtonien« nach rechts (blauer Punkt). Nach 100 m gehen wir links einen kleinen, kaum zu sehenden Trampelpfad entlang, der schlecht mit blauen Punkten markiert ist. Wir erreichen eine Straße (K 2098), die wir queren. Treppab folgen wir dem Schild »Silberstollen Pfaffenklinge«. Nach etwa 200 m gelangen wir zu dem ehemaligen Silberstollen.

Im Mainhardter Wald und in den Löwensteiner Bergen wurde im 18. Jahrhundert der Versuch unternommen, vermeintliche »Schätze des Bodens« zu heben. 1772 wurde ein Silberbergwerk errichtet und ein wahrer »Goldrausch« erfasste die Gegend. Die Ausbeute brachte jedoch nicht den gewünschten Erfolg, sondern erhebliche finanzielle Verluste. Seit jener Zeit wird dieser Silberstollen Pfaffenklinge genannt.

Mit einer Taschenlampe kann man einige Meter in den Stollen hineingehen, der nach ein paar Metern höher wird, so dass man aufrecht gehen kann. Nach der Stollenbesichtigung folgen wir dem schönen, schmalen Waldweg (blauer Punkt) bis zu einer Asphaltstraße. Auf ihr wandern wir 100 m nach links, überqueren sie und steigen dann dem Schild »Himmelsleiter/Wellingtonien« folgend den Pfad hinab, bis wir vor der Himmelsleiter stehen. Dort geht es steil die Treppen hinauf.

Wir folgen dem Waldweg, halten uns an der nächsten Kreuzung links und erreichen so einen Parkplatz an der »Alten Straße«. Gehen wir noch 100 m nach rechts, haben wir die Wellingtonien, also die Mammutbäume, erreicht. Dieser Platz bietet sich für eine kleine Pause an, es gibt Bänke wie auch Grillstellen. Zurück in Richtung Parkplatz, gehen wir rechts auf einen Waldweg, der uns nach 800 m nach Wüstenrot führt.

Die Schönblickstraße wird erreicht, der wir rechts auf die Hauptstraße folgen. Wir überqueren die Hauptstraße schräg nach links und gehen in den Sandweg. An der zweiten Kreuzung halten wir uns rechts in den Haldenweg, der uns wieder vor auf die Hauptstraße (L 1090) führt. Dieser folgen wir 50 m nach links und biegen gleich ab auf die Straße Richtung Vorderbüchelberg (K 2100). Nach 200 m am Waldrand biegen wir nach links auf den Georg-Fahrbach-Weg (GFW, roter Balken) ein, dem wir 800 m weit bis zum Parkplatz Seewiese folgen.

Hier sehen wir auch schon das Schild »Bodenbachschlucht«, das auf eine der wildesten und urwüchsigsten Schluchten des Schwäbischen Waldes hinweist. Markante Felsgebilde, herabgestürzte Steinblöcke und Bäume charakterisieren dieses

Naturschutzgebiet, das wir vorsichtig auf schmalem Pfad durchwandern. Der Weg schlängelt sich 1 km weit die Schlucht entlang. Am Ende der Schlucht gehen wir links nach oben auf einem Schotterweg zur nächsten Schlucht, der Tobelschlucht.

Ein Brunnen bietet die Möglichkeit zu trinken oder sich zu erfrischen. Wir folgen über umgestürzte Bäume einem schmalen, romantischen Weg durch die Tobelschlucht aufwärts, wo wir am Ende mit etwas Kletterei einen Schotterweg erreichen.

Diesen überquerend, kommen wir zum Naturdenkmal »Hohler Stein«, eine Bachklinge des Dentelbachs im Stubensandstein mit kleinem Wasserfall. Der Weg (roter Punkt) geht rechts über Naturstufen aufwärts. An großen, beeindruckenden Felsen vorbei, die zu einer erholsamen Rast laden, erreichen wir wieder einen größeren Waldweg, wo wir am Hinweisschild »Hohler Stein« rechts auf einen schmalen Schotterweg abbiegen.

Nach 400 m biegen wir erneut rechts auf einen breiteren Schotterweg ab, dem wir mit etlichen Kurven, am Anfang mit schönen Ausblicken, 1,5 km abwärts folgen (Eierbergweg). An der Wegmündung gehen wir links leicht bergauf (gelbes Schild »S3«). Eine weite Aussicht über die Wälder belohnt uns, ehe wir, dem Hauptweg 2 km folgend, in sanften Serpentinen durch den Wald abwärts

In der Nähe des Naturdenkmals »Hohler Stein« kommt man an großen, beeindruckenden Felsen vorbei.

gelangen (Erlenklingenweg) und auf die Straße K 1819 treffen. Wir biegen sofort wieder links ab auf einen kleinen Waldweg, nun wieder der Georg-Fahrbach-Weg (GFW), der parallel zum Bach verläuft und uns nach Spiegelberg führt.

Das GFW-Zeichen leitet uns nun den Weg über den Juxkopf nach Sulzbach an der Murr und bis zum Wanderheim Eschelhof. In Spiegelberg überqueren wir die Hauptstraße (Löwensteiner Straße) und wandern den Winterseitenweg aufwärts aus dem Ort. Weiterhin dem GFW-Zeichen folgend, schraubt sich der Weg in Serpentinen ansteigend durch den Wald.

Durch die schmale, romantische Hüttlenwaldschlucht steil bergauf wandernd kommen wir zum Wanderparkplatz Zollstock. Entlang eines Vogellehrpfades verlassen wir den Wald, erreichen die Kuppe des Juxkopfes (533 m) und sehen vor uns den Juxkopfturm mit Juxkopfhütte, eine Selbstversorgerhütte des Schwäbischen Albvereins (Übernachtungs-Alternative).

Die weiten Blicke über den Murrhardter Wald genießend wandern wir abwärts am Friedhof vorbei nach Jux. Im Ortszentrum gehen wir hinter dem Gasthof »Löwen« rechts die Treppen hinunter und verlassen auf einem Schotterweg den Ort. Auf Waldwegen abwärts kommen wir nach 1 km zum Wetzsteinstollen.

Der Stollen selbst ist noch nicht zu besichtigen, allerdings vermittelt der Bergbaulehrpfad einen interes-

Auf der Kuppe des Juxkopfes liegt der Juxkopfturm mit Selbstversorgerhütte.

santen Einblick in die Wetzsteingewinnung im 18. und 19. Jahrhundert. Der Lehrpfad trifft einige hundert Meter später wieder auf den Georg-Fahrbach-Weg, dem wir weiter folgen. Die Landesstraße L 1117, die im Tal der Winterlauter verläuft, überqueren wir nach rechts.

Nach 100 m führt uns ein kleiner Trampelpfad wieder in den Wald hinein. Auf dem nächsten Waldweg nach links folgen wir weiter dem GFW-Zeichen. Bald geht es steil hinauf auf den schmalen Höhenrücken des Brenntenhau, an einem Wasserbehälter, an einem Funkturm und am Rastplatz Wilhelmsheim vorbei. Leicht abfallend verläuft der Weg nun auf dem Höhenrücken zwischen Sauloch (Bank mit Ausblick) und Rossstall. Steil abwärts verlassen wir den Wald, überqueren die B 14 und gelangen auf einem Feldweg am Sportplatz vorbei nach Sulzbach an der Murr.

Über Garten- und Bahnhofstraße, die Murr überquerend, erreichen wir den Bahnhof von Sulzbach (273 m). Dort wenden wir uns nach links in die Fabrikstraße und gehen rechts über die Bahngleise die Ittenberger Straße bergauf. Ein Hinweisschild zum Eschelhof und das GFW-Zeichen weisen uns den Weg steil den Berg hinauf. Mehrmals kreuzen wir die Straße nach Ittenberg (K 1815), ehe wir, die letzten Meter auf der Straße, Ittenberg und nach einem weiteren Kilometer das Wanderheim Eschelhof (492 m) erreichen.

3. Tag: *Vom Wanderheim Eschelhof (SAV) nach Murrhardt*

Ab dem Wanderheim Eschelhof folgen wir dem gut ausgeschilderten Georg-Fahrbach-Weg 4 km durch den offenen Wald, bis wir dem Schild »Wasserfall« zum hinteren Wasserfall in der Hörschbachschlucht folgen (blauer Punkt) und gleichzeitig den Georg-Fahrbach-Weg verlassen. Dort bietet sich nochmals die Möglichkeit einer Rast, bevor wir die nächsten zwei aufregenden Kilometer der wilden, engen Schlucht auf schmalem Weg abwärts folgen.

> Die Hörschbachschlucht wie auch die beiden Wasserfälle haben schon früh die Menschen mit ihrer Schönheit beeindruckt. Am Vorderen Wasserfall, wo das Wasser etwa 5 m tief über die Engelhofer Platte herabstürzt,

Ein weiter Blick über Jux und die Löwensteiner Berge.

Der Naturpark Schwäbisch-Fränkischer Wald   Tour 3

kann man an der Erosion deutlich die unterschiedlichen Gesteinsarten sehen – oben die kompakte Steinmergelbank, die dem fließenden Wasser deutlich mehr Widerstand leistet als die darunter anstehende weichere Gipskeuperschicht. Den Trog, den das Wasser so im Lauf der Jahre geformt hat, kann man bestens erkennen.

Beim Vorderen Wasserfall, der das Ende der Hörschbachschlucht markiert, überqueren wir die Brücke und folgen dem Rems-Murr-Wanderweg (RMW) leicht bergauf zurück in Richtung Hinterer Wasserfall. Nach 200 m geht es scharf nach links.

Wir folgen weiterhin dem RMW-Zeichen, biegen rechts für etwa 50 m auf eine asphaltierte Straße ein und folgen dem Wanderzeichen (RMW) nach links. Nach 600 m nutzen wir die erste Gelegenheit zum Abstieg nach Murrhardt; beim Verlassen des Waldes erblicken wir zu unserer linken Seite die ersten Häuser.

Die Stadt erreichen wir auf dem Großgartenweg. Wir biegen nach

In der wilden Hörschbachschlucht mit einem der beiden Wasserfälle.

rechts in die Fritz-Ehrmann-Straße ein und folgen wieder rechts der Kaiser-Ludwig-Straße, die in einen schmalen Fußweg übergeht. Dieser bringt uns in den Stadtpark. Wir gehen links an der Stadtkirche vorbei und erreichen über die Kirchgasse den Marktplatz. Wir wandern links die Hauptstraße entlang und erblicken schräg gegenüber den Murrhardter Bahnhof.

Von der Hohenloher Ebene in die Waldenburger Berge

Eckartshausen – Schmerachtal – Bühlertal – Sulzdorf –
Hostel Einkorn (früheres NFH) *– Bilz – Hirschfelden – Kochertal –*
Schwäbisch Hall – **NFH Lemberg** *– Hohlsee –*
Kreuzsteig – Neumühlsee – Ziegelhütte – Waldenburg

Am ersten Tag wandern wir von der Hohenloher Ebene zum Haller Hausberg, dem Einkorn. Davor erkunden wir aber noch zwei Geheimtipps – die naturbelassenen Flusstäler der Schmerach und der Bühler, deren Verlauf wir durch einsame Wälder, Furten und weite Wiesentäler folgen. Am nächsten Tag stehen das Kochertal und eine der schönsten mittelalterlichen Städte Deutschlands, Schwäbisch Hall, im Mittelpunkt. Durch die Waldenburger Berge geht es am letzten Tag auf wunderbaren Waldpfädchen erst zum idyllischen Neumühlsee und dann zum Schlusspunkt der Wanderung, dem pittoresken Waldenburg mit seinem Schloss und dem mittelalterlichen Stadtkern.

■ **Übernachtung:**
Hostel Einkorn (bewirtschaftet):
Einkorn 1,
74523 Schwäbisch Hall,
Telefon (07 91) 9 46 85 28,
www.der-einkorn.de

Naturfreundehaus Lemberg
(bewirtschaftet):
Lemberghaus 1,
74545 Michelfeld,
Telefon (07 91) 67 40,
www.naturfreunde-
schwaebischhall.de

■ **Streckenlänge:** *21 km (1. Tag), 29 km (2. Tag), 20 km (3. Tag).*

■ **Zeit:** *6½ Stunden (1. Tag), 7½ Stunden (2. Tag), 6 Stunden (3. Tag).*

■ **Karten:** *Freizeitkarten F 518 (Schwäbisch Hall/Naturpark Schwäbisch-Fränkischer Wald) und F 519 (Crailsheim/Oberes Jagsttal) im Maßstab 1 : 50 000. Herausgegeben vom Landesamt für Geoinformation und Landentwicklung Baden-Württemberg.*

- **Anschlusshütte bei Tourverlängerung ab Naturfreundehaus Lemberg:** *Naturfreundehaus Sechselberg, Althütte-Sechselberg.*

- **Öffentlicher Nahverkehr:**
  Anfahrt: mit der Bahn bis Eckartshausen, von Schwäbisch Hall kommend.

  Abfahrt: mit der Bahn ab Waldenburg Richtung Schwäbisch Hall oder Öhringen.

  Löwen*Line* **(0 18 05) 77 99 66***
  Ihre Fahrplanauskunft im Land. 24 Stunden die besten Bus- und Bahnverbindungen erfahren.
  *(0,14 €/Min. aus dem dt. Festnetz; höchstens 0,42 €/Min. aus Mobilnetzen)

1. Tag: *Von Eckartshausen zum Einkorn*

Die Wanderung beginnt am Bahnhof des Ilshofener Ortsteils Eckartshausen. Am direkt am Bahnhof liegenden Verkehrskreisel nehmen wir die Ilshofener Straße in das Örtchen hinein. Die Straße macht nach etwa 200 m einen Bogen nach rechts. Ihm folgen wir. Dann nehmen wir die nächste Gasse, die nach links oben verläuft. Es ist die Gschwindengasse, die in den Langäckerweg übergeht und aus dem Ort hinausführt. Das Wegzeichen ist der blaue Strich auf weißem Grund. Nun wandern wir auf dem asphaltierten Feldweg 1,5 km, bis der Weg dem Zeichen folgend scharf rechts abbiegt. Wir gehen aber geradeaus weiter.

An der 150 m entfernten Weggabelung biegen wir scharf links ab, wandern quasi 150 m zurück und biegen dann nach rechts ab. Dieser Feldweg bringt uns zur K 2668, direkt an die Abzweigung zum Weiler Steinbächle. Wir überqueren die K 2668 und wandern die Zufahrtsstraße nach Steinbächle hinauf (Schlossweg bzw. K 2604/Wegzeichen: blauer Punkt auf weißem Grund).

In Steinbächle folgen wir der Brübelgasse, die durch den Ort führt und uns zum westlichen Ortsende bringt. Dort wandern wir auf dem asphaltierten Feldweg Richtung Wald. Der Weg beschreibt nach einem knappen Kilometer erst eine Linkskurve und dann eine Rechtskurve. Hinter der Kurve verschwindet unser Weg dann im Wald, unterhalb der Schuttreste der ehemaligen Burg Klingenfels.

Der Weg führt nun teilweise steil bergab ins wilde Tal der Schmerach. Den Talboden erreichen wir nach rund 1,5 km, dann geht es am linken Ufer des Flüsschens kurz weiter. Bei starkem Regen oder Schneeschmelze wird das Flüsschen aber zum Fluss und die Furt, mit deren Hilfe wir den Fluss nun queren, wird je nach Pegelstand zum nassen »Vergnügen«. Es heißt also unter Umständen nicht nur die Schuhe auszuziehen, sondern auch die Hose.

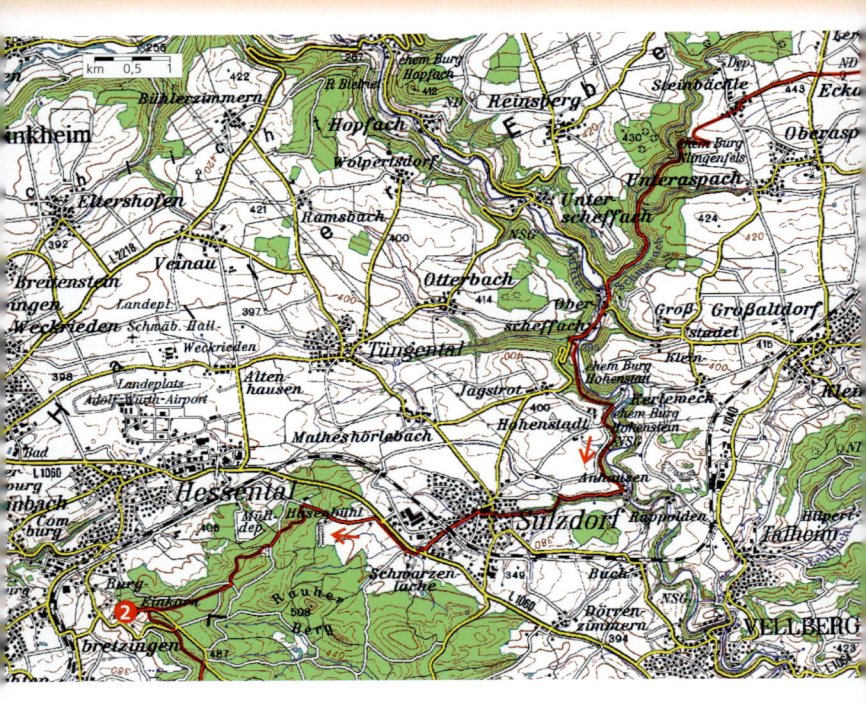

Jetzt wandern wir an der rechten Seite des Flusses weiter, bis die Schmerach kurz vor Oberscheffach in die Bühler mündet. Wir überqueren die Schmerach ein letztes Mal auf einer Brücke und wandern entlang der K 2667 nach Oberscheffach hinein (neues Wegzeichen: roter Punkt auf weißem Grund). Auf der Bühlertalstraße durchqueren wir den Ort und überqueren die Bühler. Nach dem Ortsende müssen wir noch wenige Meter an der Fahrstraße entlanggehen, bevor ein Feldweg links hinunter ins Naturschutzgebiet Bühlertal führt.

Unsere Route verläuft nun immer oberhalb des Flusses. Nach 2 km beschreibt der Fluss eine scharfe Rechtskurve, der Weg macht diese Bewegung mit und verliert dabei für kurze Zeit den Fluss aus den Augen. Es zieht bergan auf einer asphaltierten Piste, bis zu einem Parkplatz. Ab hier geht es nun auf Pfaden kontinuierlich bergab, bis zum 2 km entfernten Weiler Anhausen. Hier fließt ein Bach rechter Hand tosend in die Bühler. Oberhalb dieser Stelle liegt ein sehr alter Friedhof.

Wir verlassen hier das Tal der Bühler, steigen nach rechts über Treppen das kleine Wehr empor und folgen dem Bachlauf 1 km auf einer Fahrstraße Richtung Sulzdorf hinauf

Der Fluss mäandert gemütlich durch das Naturschutzgebiet Bühlertal.

(Wegzeichen: blauer Punkt). Nach besagtem Kilometer verlassen wir die Straße, überqueren einen Zufluss des Baches und kurz darauf den Bach selbst und wandern dann auf dem Steinbruchweg nach Sulzdorf (381 m) hinein.

Der Steinbruchweg geht in die Webergasse über (ab hier ohne Wegzeichen), diese bringt uns zur Hauptstraße. Nun nach links und der Hauptstraße folgen. Hier liegt übrigens auch das Wanderheim Sulzdorf des Schwäbischen Albvereins. Wir überqueren die Bahnlinie und erreichen dann die L 1060/Bühlertalstraße. Auch diese überqueren wir, halten uns rechts und wandern 600 m an der Seite der L 1060 (Wegzeichen: blauer Punkt). Dann zweigt ein Feldweg nach links ab und führt uns in den Wald hinein.

Dem blauen Punkt folgen wir nun 4 km durch den Wald, mal auf Pfaden, mal auf Waldwegen. Die Route stößt kurz vor dem ehemaligen Naturfreundehaus Einkorn (510 m) auf dessen Zufahrtstraße. Noch 200 m nach rechts wandern, dann sind das Quartier und die Ruine einer Wallfahrtskirche mit ihrem Aussichtsturm erreicht.

Auf dem 510 m hohen Einkorn, der sich bis zu 120 m über seine Umgebung erhebt, steht direkt an der Kapellenruine (zerstört 1814 durch Blitzschlag) der 28 m hohe König-Karl-Aussichtsturm, von dem sich herrliche Blicke auf die Haller und Hohenloher Ebene und Teile des Schwäbisch-Fränkischen Waldes bieten. Der Turm ist das ganze Jahr geöffnet. Eventuell muss man aber einen Schlüssel beim Gasthof holen.

2. Tag: *Vom Einkorn zum NFH Lemberg*

Wir verlassen unsere Unterkunft und gehen zu den Aussichtsbänken. Hier wenden wir uns nach links und wandern entlang der Hügelkante Richtung Wald. Ein Pfad verschwindet im Wald und verläuft parallel zur Straße. Diesem Pfad und dem rot unterstrichenen grünen Baum (Main-Neckar-Rhein-Weg) folgen wir nun. Nach 300 m müssen wir die Straße überqueren. Vorsichtig – hier wird mitunter schnell gefahren.

Weiter auf einem geschotterten Waldweg, der nach 400 m in einen Parkplatz mündet; hier müssen wir nun rechts. Ein teilweise geschotterter bzw. asphaltierter Forstweg führt nun fast schnurgerade durch den Wald und bringt uns nach 2 km zu einer großen Kreuzung.

Zu unserem bekannten Wegzeichen kommt nun auch das Wegzeichen des »Bühlersteigs« (Teil des Kocher-Jagst-Trails) hinzu, das uns die kommenden Kilometer bis Hirschfelden begleiten wird. An der Kreuzung nicht nach links oder rechts wandern, sondern den »Kohlestraße« benannten Forstweg 400 m geradeaus weitergehen. Dann verschwindet ein Pfad nach rechts in den Wald: Ihm 200 m folgen. Der Pfad mündet wieder in eine Forststraße ein. Wir wandern hier nach rechts.

Nach weiteren 400 m dann nach links und aufpassen ... an dieser Stelle schlechte Beschilderung. Ein Pfad quert zuerst eine weitere Forststraße, verschwindet wieder im Wald und bringt uns dann über einen Spiel- und Grillplatz, über dessen Gelände wir gehen müssen, wieder auf eine besser beschilderte Wegkreuzung. Nach dem Grillplatz führt ein geschotterter Waldweg aus dem lichter werdenden Wald hinaus. Nach 150 m haben wir nach links einen offenen Blick auf die typische Hohenloher Hügellandschaft.

Wer möchte, kann einige Meter weiter nach rechts abbiegen und über Wiesen den wenige hundert Meter entfernten Aussichtspunkt »Bilz« ansteuern. Hier laden etliche schattige Bänke zur Rast ein und wir haben einen schönen Blick auf die unter uns liegenden Orte Hirschfelden und Michelbach. Zurück auf unserer Route führt ein geschotterter Weg zu einer Wegkreuzung hinunter. 6 km sind wir nun bereits gewandert.

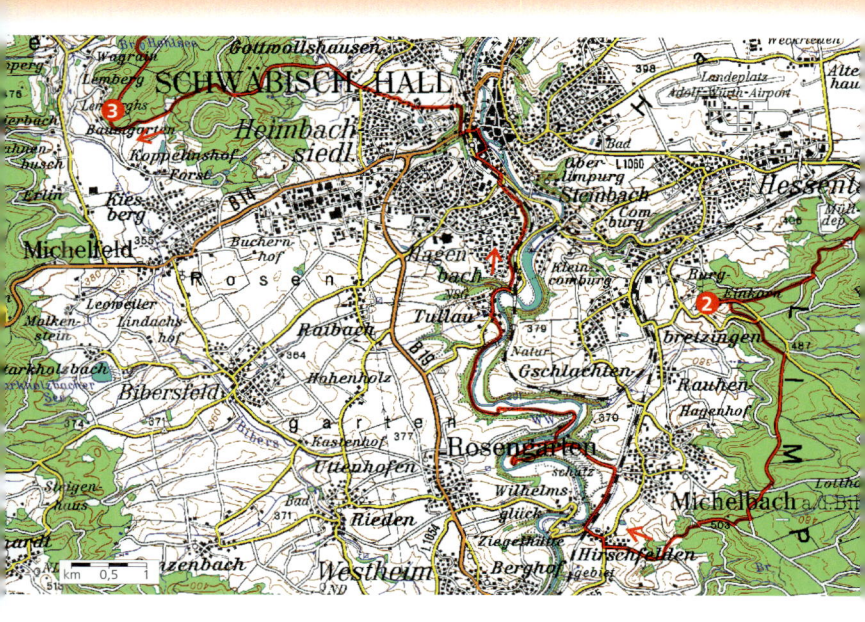

Der Naturpark Schwäbisch-Fränkischer Wald — Tour 4

Wir folgen dem Wegzeichen rot unterstrichener grüner Baum nach rechts und wandern nach Hirschfelden (360 m) hinunter. Der asphaltierte Feldweg geht in die Straße »Sandgraben« über, rechts Neubauten. Nach 400 m erreichen wir am südlichen Ortseingang die L 1055/ Westheimer Straße: Hier nach rechts und in das Örtchen hineinwandern. 100 m weiter erreichen wir eine T-Kreuzung und biegen hier nach links in die Neumühlstraße/K 2596 ab. Dieser Straße folgen wir 200 m, überqueren die Gleise und biegen dann nach rechts in die Bahnhofstraße ein. Deren Verlauf folgend (parallel zu den Gleisen), verlassen wir Hirschfelden (Wegzeichenwechsel! Rotes Kreuz).

Nach 1 km, entlang des Bahndamms, müssen wir auf dem asphaltierten Weg nach links wandern. Dieser Weg führt uns nun in einer lang gestreckten Linkskurve (1,5 km), entlang des Steinbruch-Geländes, ins Kochertal (etwa 300 m) hinunter. Im Tal halten wir uns rechts und wandern auf schönen Uferwiesen zu einem 500 m entfernten Steg. Hier überqueren wir den Kocher und wandern nun an der linken Uferseite weiter. Kurz darauf passieren wir ein Wasserwerkgelände der örtlichen Stadtwerke.

Hinter dem Wasserwerk geht es leicht bergauf und wir stoßen auf eine kleine Wegkreuzung. Hier wenige Meter geradeaus weiter, dann nach links dem Wegzeichen folgen, das uns

Die alte Salzsiederstadt Schwäbisch Hall sollte unbedingt besichtigt werden.

wieder zu den Uferwiesen bringt. Auf diesen wandern wir 500 m weiter – es wird immer enger – , bevor es dann nach links abgeht. Ein Pfädchen führt zwischen Unterholz und Bäumen zu einem Feldweg. Hier nach rechts. Es folgt ein weiterer offener Wegabschnitt, bevor die Route nach 400 m wieder im Uferwald verschwindet.

Nach einem guten Kilometer erreichen wir dann ein Brückchen: Rechts liegen lassen und weitermarschieren. Via Waaggasse wandern wir in das Dorf Tullau hinein, halten uns sofort rechts und verlassen dieses via Mühlstraße/K 2597, dem roten Kreuz folgend. Kurz hinter dem Örtchen treffen wir auf eine Eisenbahnbrücke. Hier geht es nach links, bergan.

Das Wegzeichen führt uns nun auf einem Kamm zum 2 km entfernten Haller Bahnhof. Links eine Siedlung, rechts Wald und Blicke auf die gegenüberliegende Kochertalseite. Kurz vor dem Bahnhof geht es wieder bergab. Direkt am Bahnhof müssen wir die Steinbacher Straße auf einer Fußgängerbrücke überqueren. Ein Aufzug bringt uns hinunter zur Bahnhofstraße und somit in den links vom Kocher liegenden alten Teil von Hall, wo wir mit unserem Sightseeing des fantastischen Altstadtensembles beginnen können.

Der alte Name der Stadt lautet einfach »Hall«, was von den Salzvorkommen um die Stadt herrührt. Bereits die Kelten betrieben im heutigen Stadtgebiet eine Saline. Durch Erhitzen des salzhaltigen Grundwassers gewann man Salz. Der historische Altstadtkern ist weithin bekannt und wunderschön. Auf den Stufen der Sankt-Michaels-Kirche finden im Sommer Freilichtspiele statt.
Toll entspannen kann man auch auf den breiten Mauern entlang des Flusses. Dort liegt auch der berühmte Nachbau des Shakespeareschen Globe Theaters. Ein Besuch lohnt sich auch unbedingt im Kunstmuseum, das vom Haller Mäzen Würth gespendet wurde.
Weitere Informationen gibt es unter www.schwaebischhall.de und bei der Tourismus Information, Am Markt 6, 74523 Schwäbisch Hall, Telefon (07 91) 75 10, E-Mail: touristik@schwaebischhall.de

Wir verlassen Hall und wandern in der Mauerstraße entlang des Kochers. An der Brücke geht's nach links, die Heimbacher Gasse zur Kreuzung Stuttgarter Straße/B 14 mit der Katharinenstraße hinauf. Wir unterqueren die Bahnlinie und wenden uns dann nach rechts. Der sogenannte Hofpfad führt uns nun zuerst kurz entlang der Bahnlinie, dann durch den Wald links hinauf, Wegzeichen rotes Kreuz.

Dem Schafbrunnenweg, auf den wir stoßen, folgen wir nun etwa 1,5 km am oberen Rand der Heimbachsiedlung, bis wir auf die K 2576/Breiteichstraße treffen (der Schafbrunnenweg hat verschiedene Abzweigungen nach links – ignorieren). Wir überqueren die Breiteichstraße.

Die Straße »Stadelmannsacker« bringt uns nach 300 m zum Breiteichsee. Das Wegzeichen führt uns nun nach links in den Wald hinein. Nach weiteren 2 km auf einer Forststraße treffen wir bei einem Wanderparkplatz auf die Fahrstraße zum Naturfreundehaus Lemberg und eine Wegspinne. Wir überqueren die Fahrstraße (Rinnener Sträßle) und folgen dem Wegzeichen (zusätzliche Naturfreundehaus-Hinweisschilder) nun auf einem Pfad weitere 2 km – erst durch den Wald und dann entlang des Waldrandes – bevor uns ein kurzer Anstieg nach rechts zum wunderbar gelegenen Naturfreundehaus Lemberg (420 m) bringt.

3. Tag: *Vom NFH Lemberg zum Bahnhof Waldenburg*

Wir verlassen unser Übernachtungsquartier. Ein Pfad bringt uns zum Parkplatz des Hauses. Etliche Wege gehen von hier ab. Eine Tafel bietet einen Überblick. Unser erstes Etappenziel ist heute der kleine Hohlsee (480 m), der 1,5 km entfernt ist. Um ihn zu erreichen, wandern wir ohne Markierung zuerst 1 km auf der asphaltierten Zufahrtsstraße nach Norden.

Vom Parkplatz aus gezählt, nehmen wir dann die fünfte Wegabzweigung nach links und gelangen auf einem Waldweg nach 200 m zu dem kleinen See, der rechts liegt. Dann halten wir uns rechts und wandern etwa 1 km geradeaus (Abzweigungen ignorieren) durch den Wald, bis wir auf die Schönblickstraße treffen, die nach Rinnen hinunterführt.

Hier heißt es aufpassen, da das Gewirr an Waldwegen nicht exakt auf der Karte abgebildet ist. Wir überqueren die Fahrstraße und folgen unserem Waldweg weiterhin ohne Markierung in seiner Verlängerung auf der anderen Straßenseite weiter in den Wald hinein. Nach 200 m eine Kreuzung. Dort geradeaus weiter.

Nach 200 weiteren Metern wieder eine Kreuzung. Hier nach rechts (nicht scharf rechts!) und nach 150 m erreichen wir den mit einem blauen Punkt markierten Pfad, der uns nun am Trauf der Waldenburger Berge entlangführen wird. Wir gehen nach links und erreichen nach 300 m einen schönen Aussichtspunkt mit Rastbänken und Blick auf die Haller und Kupferzeller Ebene.

Weiter geht's auf schattigen Pfaden durch den Wald. Nach wenigen Metern rechter Hand die Wegabzweigung nach Gailenkirchen hinunter – ignorieren. Weitere 500 m weiter verläuft der Weg leicht nach rechts, in ein lichteres Waldstück. Hier geht es kurz steil bergab, dann weiter durch nachwachsenden Wald. Kurz darauf führt der Pfad aus dem Wald hinaus und trifft auf einen geschotterten Waldweg. Links eine große gerodete Fläche, die langsam wieder zuwächst.

Nach 300 m eine Wegkreuzung mit einer großen Wandertafel des Schwäbischen Albvereins. Der blaue Punkt führt uns auf dem geschotterten Waldweg geradeaus weiter. Nach

Der Naturpark Schwäbisch-Fränkischer Wald　　　　　　　　　　　　　　Tour 4

Die goldene Herbstlandschaft spiegelt sich im idyllischen Neumühlsee.

Das malerische Waldenburg liegt auf einem langgezogenen Bergrücken.

200 m dann allerdings heißt es kurz aufpassen. Ein Pfad geht nach links ab und führt etwa 40 Höhenmeter kurz bergan. Dann weist das Wegzeichen nach rechts. Auf einem Waldpfad wandern wir nun weiter. Nach 1,5 km treffen wir auf eine große Wegspinne und die Kreuzsteig-Schutzhütte. Ab hier folgen wir 500 m dem asphaltierten Fahrradweg Richtung Neumühlsee.

An einer Linkskurve zweigt dann etwas versteckt ein Pfad nach rechts in den Wald hinauf ab. Ihm gehen wir nach. Nach wenigen Metern treffen wir auf eine Kreuzung. Der Pfad findet hier rechts versetzt seine Fortsetzung und bringt uns nach 500 m zum Weiler Goldbach bzw. zum Goldbachsee hinunter. Noch vor dem Ortsschild zweigt von der Fahrstraße der Fahrradweg scharf links nach unten ab. Auf ihm gelangen wir, parallel zur Fahrstraße, zum idyllischen Neumühlsee (453 m), in dem es sich wunderbar baden lässt.

Wir wandern an dem Gelände des Campingplatzes vorbei, gelangen auf der Fahrstraße in den Weiler Neumühle und überqueren einen kleinen Damm. Gleich dahinter biegen wir nach rechts auf einen Feldweg ab, der uns über offenes Feld in den Wald hineinbringt. Nach 150 m rechts ein Brückchen über den Bach Bibers. Wir überqueren es und wandern 700 m an dessen rechter Seite weiter bis zum Waldrand und dann in den Weiler Ziegelhütte. Auf der Haller Straße wandern wir dann 1,5 km nach Waldenburg (504 m) und in seine pittoreske Altstadt hinein.

Die Keimzelle Waldenburgs war die Burganlage, die in der Stauferzeit im 12. und 13. Jahrhundert auf dem Bergrücken entstand. Gingen die üblichen Katastrophen der Geschichte wie Pest, Dreißigjähriger Krieg und französische Besatzung noch verhältnismäßig glimpflich über die Bühne, stand das einschneidendste Ereignis der Stadthistorie noch bevor.
Ihr heutiges Stadtbild »verdankt« die Stadt nämlich ihrer fast vollständigen Zerstörung 1945 durch mehrtägigen Beschuss durch amerikanische Einheiten. Der Wiederaufbau der Stadt erfolgte sofort nach Kriegsende. Die mittelalterliche Form des Stadtbildes sollte dabei erhalten bleiben und sogar noch verstärkt werden.
Informationen bei der Stadtverwaltung, Hauptstraße 13, 74638 Waldenburg, Telefon (0 79 42) 10 80, E-Mail: stadt@waldenburg-hohenlohe.de, www.waldenburg-hohenlohe.de

Beim »Panoramahotel Waldenburg« beginnen sowohl die Hauptstraße und die Altstadt als auch der »Rote Weg«, auf dem wir später unseren Abstieg zum Bahnhof absolvieren. Dieser Waldweg bringt uns durch den Hangwald hinab zur Straße L 1046. Deren Verlauf folgen wir nun 500 m, überqueren die Bahnlinie und halten uns dann rechts. Nach 200 m ist der Bahnhof mit Anschlüssen Richtung Schwäbisch Hall und Öhringen erreicht.

Die Schwäbische Alb

Die Schwäbische Alb ist umgeben vom Schwarzwald im Westen, dem Neckar im Norden, der Donau und dem Alpenvorland bzw. Oberschwaben im Süden und im Osten vom sogenannten Ries bzw. von Franken. Sie erstreckt sich auf einer Länge von ungefähr 250 km von Südwesten nach Nordosten und ist zwischen 30 und 40 km breit. Der höchste Berg ist mit 1015 m der Lemberg bei Gosheim (östlich von Rottweil), während es auf der Ostalb höchstens Erhebungen bis 800 m gibt. Der Albtrauf (Mörikes »blaue Mauer«) ist eine riesige abbruchartige Kante, die sich am Nordwestrand der Alb als bewaldete Landschaftsstufe mauerartig aus dem Albvorland erhebt. Von hier aus fällt die Alb zum Donautal hin langsam ab.

Geologie

An der Schwäbischen Alb nagt der Zahn der Zeit. Der Burgberg der Hohenzollernburg oder die Kaiserberge bei Göppingen sind sogenannte Zeugenberge, das bedeutet, dass sie früher alle mit der Albhochfläche verbunden waren. Noch drastischer wird das beim Mössinger Erdrutschgebiet deutlich: Der Albtrauf und somit die Alb wurde im Verlauf der Jahrhunderte langsam abgetragen – und wird es noch heute.

Schuld daran ist die zunehmende Verkarstung, das heißt die Herauswaschung des Kalks aus dem Gestein durch Regen. Es entstehen Risse und Spalten, die zunehmend tiefer werden und so irgendwann zu einem Abbruch führen. Da das Hauptgestein der Alb, der Weiße Jura, hauptsächlich aus Kalk besteht, ist die Verkarstung dort der primäre landschaftsbildende geologische Prozess.

Auf der anderen Seite begünstigt der Verkarstungsprozess aber auch das interessante Landschaftsbild dieser Region wie z. B. die vielen Höhlen und interessanten Felsformationen. Das rasche Versickern des Niederschlags ist ebenfalls auf den porösen Kalkstein und somit die Verkarstung zurückzuführen. Deshalb ist es auf der Albhochfläche auch recht trocken. Neben der geringen Lössbodenschicht auch ein Grund, warum die Landwirtschaft dort so beschwerlich ist.

Die Alb hat eine Vergangenheit als Vulkangebiet hinter sich. Zirka 300 (nicht aktive) Vulkanschlote sind nachgewiesen. Anschauliche Belege vulkanischer Tätigkeiten sind z. B. das Schopflocher Moor oder das Randecker Maar bei Ochsenwang.

Geschichte

Spuren menschlichen Lebens lassen sich auf der Alb bis in die Steinzeit zurückverfolgen. Der bekannte Jugendroman »Rulaman« von David Friedrich Weinland (erstmals erschienen 1876) spielt auf der Alb und gibt einen wunderbaren Einblick in die Endphase dieser Zeit.

Das Wort »Alb« stammt wohl vom lateinischen »mons alba« bzw. dem althochdeutschen »alpa«, ist aber wohl keltischen Ursprungs. »Schwäbisch« leitet sich vom Wort »Sueben« her. Die Sueben waren ein germanischer Stamm, der zur Zeit Cäsars an Rhein und Neckar siedelte. Ab 250 n. Chr. siedelten sich die Alemannen an. Auf sie gehen die Ortsnamen zurück, die mit »-ingen« enden. Mit der Ausbreitung des Christentums im 5. und 6. Jahrhundert begann die Integration des Gebiets ins fränkische Reich.

Viele schwäbische Adelsgeschlechter stellten in den folgenden Jahrhunderten Kaiser und Könige, so z. B. die Staufer, Hohenzollern und Württemberger. Zur Zeit der Staufer wurde auf der Alb sogar »Weltpolitik« betrieben (zumindest in den Grenzen, die man damals als Welt kannte).

Die industrielle Revolution Mitte des 19. Jahrhunderts veränderte auch die ökonomischen Bedingungen auf der Alb. Die Herstellung von hochwertigen Textilien, insbesondere von Trikotwaren, verschaffte der Region einen weltweiten Ruf und eine florierende Industrie. Mittlerweile gibt es einen Großteil dieser Textilfabriken nicht mehr. Globalisierung und weltweite, billigere Konkurrenz ließen diesen Industriezweig vor allem Ende des 20. Jahrhunderts rasch absterben.

Ein Strukturwandel ist in vollem Gange. Besonders die Zuliefererindustrie für die Maschinen- und Autobauer im Neckartal ist nun eine wichtige Stütze der Region. Landwirtschaft wird zunehmend im Nebenerwerb betrieben.

Klima, Flora und Fauna

Die vielen Mineralbäder und Luftkurorte sprechen eigentlich für sich. Das Klima auf der Alb ist gesund. Trotzdem redet man oft von der »rauen« Alb. Dieser Begriff umfasst im Groben drei Gegebenheiten: Die von manchem als karg und einsam empfundene Landschaft, die kühlen Temperaturen und den Wind, der einen die Temperatur noch kühler empfinden lässt. (In schwülen Sommern aber kommen viele Leute gerade deswegen aus dem Albvorland auf die Hochfläche hinauf.)

Im Winter misst man in den Muldenlagen der Alb oft Temperaturen, die einen an Sibirien denken lassen. Trotzdem war und ist das Klima auf der Alb angenehmer, als der Volksmund weismachen will. Zeugnis geben hierfür die vielen Ausgrabungsfunde von frühen landwirtschaftlichen Bewirtschaftungsformen.

Ein Kleinod aus dem 11. Jahrhundert: die Michaelskirche.

Die Alb hat eine sehr abwechslungsreiche Landschaft zu bieten. Große, romantische Laubmischwälder wechseln sich mit Wacholderheiden, die nur durch eine kommerzielle Schafhaltung erhalten werden können, und weiten Hochflächen ab. Ausgewaschene und rissige Felsen, enge Täler und tiefe Höhlensysteme bieten seltenen Pflanzen und Tieren eine Heimat.

In manchen abgeschiedenen Tal- und Muldenlagen findet man ähnliche klimatische Bedingungen wie in den Alpen vor. Deshalb lässt sich dort auch eine ähnliche Flora und Fauna finden. Im Donautal sieht man an den steilen Felshängen Gämsen und auch der Luchs scheint schon manche Spuren hinterlassen zu haben.

Der schönste Geheimtipp im Ländle – die Ostalb

Geislingen – Ruine Helfenstein – Felsental – Magentäle – Trasenberg –
Geislinger Hütte (DAV) *– Schweintal – Glasklinge – Heubach –*
Scheuelberg – ***Franz-Keller-Haus (SAV)*** *– Kaltes Feld – Lauterstein –*
Schnittlingen – Roggental – Anwandfels – Geislingen

Etwas abseits der allgemein bekannten Touristenziele liegt sie – die schöne Ostalb. Zum Glück für uns, können wir dieses großartige Stück Landschaft so noch weitgehend für uns erkunden. Auf unserer Wanderung durchkämmen wir an allen drei Tagen einsame, verwilderte Täler und Klingen. Zudem erklimmen wir immer wieder die Albhochfläche mit ihren schroffen Aussichtsfelsen sowie ihren Heide- und Wiesenlandschaften und haben von dort aus weite Blicke auf die vorgelagerten Ebenen oder tief in die Nachbartäler hinein. Ausgangs- und Endpunkt unserer Tour ist Geislingen mit seiner schönen Altstadt.

- **Übernachtung:**
  Geislinger Hütte des Deutschen Alpenvereins (teilbewirtschaftet/Selbstversorgung): Im Hart 4, 89558 Böhmenkirch, Telefon (0 73 31) 6 42 44, www.alpenverein-geislingen.de

  Franz-Keller-Haus des Schwäbischen Albvereins (teilbewirtschaftet/Selbstversorgung): Telefon (0 71 71) 9 22 60 15, Kaltes Feld 73529 Schwäbisch Gmünd www.tuerme-wanderheime. albverein.net/wanderheime/ wanderheim-franz-keller-haus

- **Streckenlänge:** *20 km (1. Tag), 31 km (2. Tag), 20 km (3. Tag).*

- **Zeit:** *6½ Stunden (1. Tag), 8½ Stunden (2. Tag), 6½ Stunden (3. Tag).*

- **Karte:** *Freizeitkarte F 521 (Göppingen/Remstal/Filstal) im Maßstab 1 : 50 000. Herausgegeben vom Landesamt für Geoinformation und Landentwicklung Baden-Württemberg.*

Die Schwäbische Alb — Tour 5

- **Anschlusshütte/Tourverlängerung ab Franz-Keller-Haus:**
  Wasserberghaus des Schwäbischen Albvereins, Göppingen-Schlat.

- **Öffentlicher Nahverkehr:**
  An- und Abfahrt ab Geislingen mit der Bahn.

LöwenLine **(0 18 05) 77 99 66***
*Ihre Fahrplanauskunft im Land. 24 Stunden die besten Bus- und Bahnverbindungen erfahren.
(0,14 €/Min. aus dem dt. Festnetz; höchstens 0,42 €/Min. aus Mobilnetzen)

1. Tag: *Von Geislingen zur Geislinger Hütte*

Unsere Wanderung beginnt am Bahnhof von Geislingen. Direkt am Bahnhof überqueren wir die Gleisanlagen und stoßen auf die »Alte Weilersteige«. Dort treffen wir auch auf unser Wegzeichen, die rote Gabel. Nach dem letzten Haus, links, geht ein Zickzackweg ab und bringt uns nach etwa 15 Minuten zur Ruine Helfenstein (610 m).

Die imposante Burg wurde um 1100 von Eberhard von Helfenstein erbaut und durch die Stadt Ulm, in deren Besitz die Burg zwischenzeitlich gelangte, 1396 weiter festungsartig ausgebaut. Mitte des 16. Jahrhunderts wurde sie zerstört und das Gelände der Natur überlassen. Erst bei Grabungen in den 1930er Jahren wurden die Burgreste wiederentdeckt und freigelegt.
Weitere Informationen gibt es unter www.burgenwelt.de/helfenstein/helfenstein.htm.

Auf fast ebenem Weg und der roten Gabel folgend gelangen wir ins Dorf Weiler. Via Ödenturmweg und Dorfstraße treffen wir auf die außerhalb des Dorfes liegende Schalkstetter Straße/K 1441. Der Kreisstraße folgend treffen wir nach 700 m auf eine Wegabzweigung. Hier nach links zum Waldrand. Ab hier nehmen wir erneut die linke Abzweigung und folgen dem Pfad, der den Ein- bzw. Abstieg ins Felsental markiert, in den Wald hinein.

Auf schmalen Pfaden geht es jetzt nach Eybach (464 m) hinunter (rote Gabel), das wir nach etwa 2 km erreichen. Via Felsentalstraße und Mühlbachstraße kommen wir zur Straße »Marienplatz«. Hier halten wir uns links. Nach 150 m geht die Rösgasse nach rechts ab. Dieser folgen wir aus dem Ort hinaus und treffen auf die L 1164/Waldhäuser Steige. An dieser wandern wir 150 m entlang bis zur Spitzkehre.

Nun verläuft unser Pfad abwechselnd im Wald und am Waldsaum weiter, leicht oberhalb des Flüsschens Eyb. Nach 2 km stoßen wir auf die Abzweigung der K 1449 von der L 1221. Hier zweigt auch unser Wanderweg ab. Wir folgen ab hier der roten Raute nach rechts ins wildromantische Naturschutzgebiet Magentäle.

Entlang des Waldsaums wandernd, stoßen wir auf ein Bächlein und eine wunderbare Blumenwiese. Dem Bach folgend, wandern wir auf zunehmend engeren Pfaden ins Magentäle hinauf. Umgestürzte Bäume und eine überbordende wilde Botanik begleiten uns dabei.

Nach etwa 2 km erreichen wir das Ende des Tals. Ab hier gilt nun wieder die rote Gabel. Kurz darauf erreichen wir Steinenkirch (671 m). Wir durchqueren und verlassen Steinenkirch auf der Gussenstadter Straße und dem Ravensteiner Weg, der uns zum Gehöft bzw. zur ehemaligen Burg Ravenstein führt.

Ab hier müssen wir der gelben Raute folgen. Dieses Wanderzeichen führt uns leicht bergauf durch den Wald zum Weiler Trasenberg, der

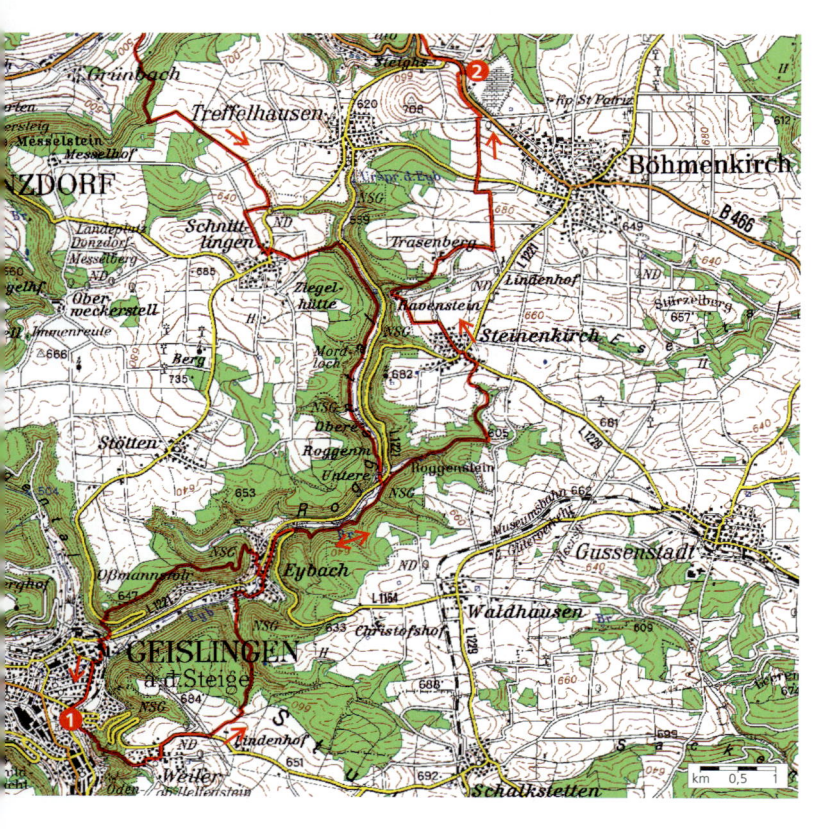

Durchs wilde Magentäle geht's nach Steinenkirch hinauf.

nach 1 km erreicht wird. Von hier aus geht's nun 2 km auf Feldwegen Richtung Böhmenkirch. Kurz vor dem Ort weist uns unsere Route an einer Feldwegkreuzung nach rechts.

Hier heißt es nun aufgepasst, denn wir wandern 100 m nach links, gleich darauf nach rechts und überqueren die Fahrstraße, die nach Treffelhausen führt. Nach einem weiteren Kilometer auf dem Feldweg treffen wir auf die B 466. Gegenüber liegt der Böhmenkirchener Steinbruch. Um zu unserer Übernachtungsmöglichkeit, der von der DAV-Sektion Geislingen betriebenen Geislinger Hütte, zu gelangen, müssen wir jetzt nur noch 400 m an der linken Straßenseite leicht bergab wandern und dann die Straße überqueren.

Eine Unterkunfts-Alternative wäre die auf dem Galgenberg bei Degenfeld gelegene Kreuzberghütte, die von der DAV-Sektion Göppingen betrieben wird. Die Routenalternative könnte dann ab Ravenstein lauten: Abstieg ins Roggental – Treffelhausen – Lauterstein – Kreuzberghütte. Am zweiten Tag dann Einstieg in die Glasklinge via Degenfeld.

Die Geislinger Hütte in Erwartung des abendlichen Lagerfeuers.

2. Tag: *Von der Geislinger Hütte aufs Kalte Feld*

Wir verlassen unsere Unterkunft und wandern ohne Zeichen etwa 200 m an der rechten Seite der B 466 bergab. Dann wechseln wir auf den parallel rechts verlaufenden Betonweg über (Birkenbuckelweg). Von diesem zweigt nach 300 m ein Feldweg nach links ab, der parallel zur Zufahrtsstraße zu den Liftanlagen verläuft. Diese erreichen wir nach einem weiteren knappen Kilometer. Hier zweigt erneut ein Feldweg nach links ab. Dieser trifft nach 500 m auf die markierte Wanderroute (rotes Dreieck). Wir folgen dem Dreieck nach rechts.

Gleich darauf beginnt linker Hand der Schweintalweg (unmarkiert). Ihm folgen wir durch das Tal nach Degenfeld (535 m) hinunter. Nach 1 km öffnet sich der Blick und wir sehen auf der rechten Talseite eine herrliche Wacholderheide. Wir wandern an dieser vorbei. Kurz darauf treffen wir auf eine Feldwegkreuzung. Hier geht es nach rechts, nun dem Wegzeichen rote Gabel folgend, die Glasklinge hinauf. Ein langer und anstrengender Anstieg auf einem Pfad, der dafür aber durch ein sehr schönes, waldreiches Naturschutzgebiet führt.

Nach 2 km treffen wir am Ende des Anstieges auf einen geschotterten Waldweg. Hier nach rechts. Nach 50 m treffen wir auf eine T-Kreuzung. Nun wenden wir uns nach links und folgen der roten Gabel auf einem Waldweg durch den Wald.

Die Schwäbische Alb   Tour 5

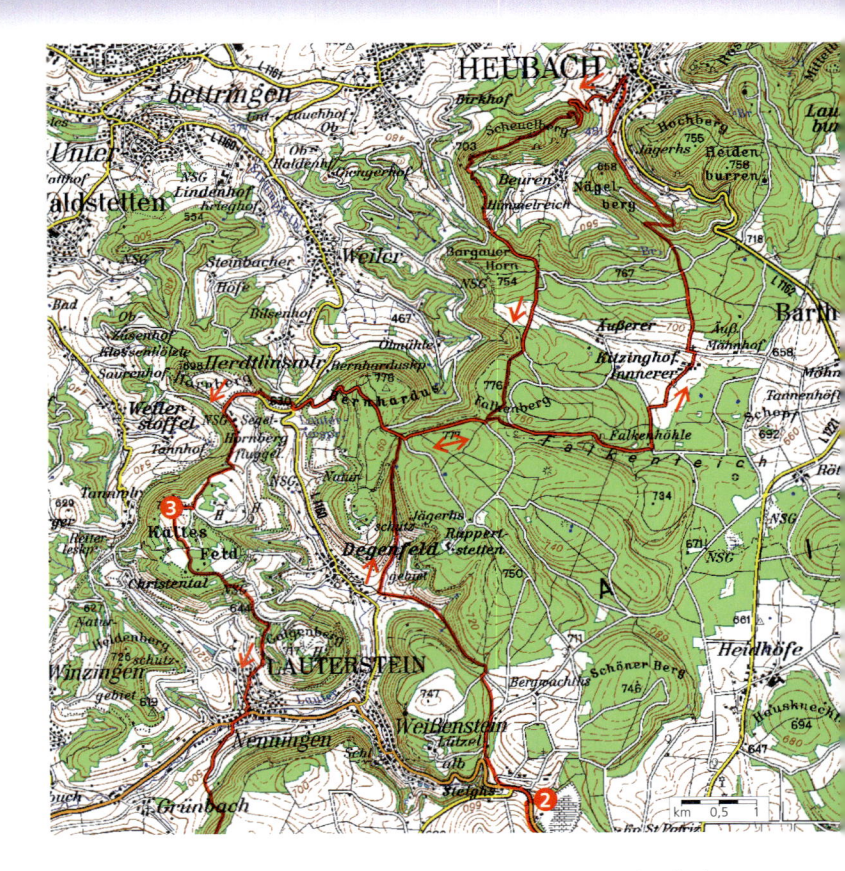

Nach 1,5 km stoßen wir dann auf eine Kreuzung. Unser Weg wird hier zum Pfad. Wir folgen der roten Gabel Richtung Falkenhöhle. Der Pfad stößt nach 200 m wieder auf einen geschotterten Waldweg.

Nach 2 km erreichen wir die Falkenhöhle, eine kleine Schauhöhle, die begehbar ist. Eine Rast bietet sich an. Nach einem weiteren Kilometer weist uns das Wegzeichen nach links. Kurz darauf folgen wir der Wanderroute aufs offene Gelände hinaus. Ein asphaltierter Feldweg führt uns durch die Gebäudeansammlung des Kitzinghofs (683 m). Anschließend stoßen wir auf einen Wanderparkplatz und eine kleine Kapelle: Hier nach links zur Baumallee und gleich darauf nach rechts, zum Waldsaum hinauf (rote Gabel).

Nach einem weiteren Kilometer durch den Wald beginnt dann an einer Wegkreuzung der Abstieg nach Heubach hinunter. Unser Wegzeichen wechselt. Nun müssen wir auf die rote Raute achten. Wir folgen einem Pfad, der zuerst gemächlich, dann immer steiler bergab führt. Nach 1 km dieses Weges führt ein 100 m langer Stichweg zur Teufelsklinge. Dieser kurze Weg zu der Felsschlucht ist nicht ungefährlich und auch nicht unbedingt notwendig, da die Klinge bei trockener Witterung aufgrund des dann nicht vorhandenen Wasserfalls nicht sonderlich spektakulär ist.

Wieder zurück, führt uns der Pfad nach kurzer Zeit aus dem Wald hinaus. Durch eine wunderbare Wiesenlandschaft gelangen wir dann links des Tumbaches nach Heubach hinunter. Hier könnten wir nun der Beurener Straße nach rechts in das Städtchen hinein folgen, wir wandern aber auf dem von der Stadt angelegten sogenannten Philosophenweg (Holzschild) weiter, der uns entlang des Beurener Bächleins und Kleingärten nach Heubach (465 m) bringt. Der Weg endet an einem Spielplatz zwischen Scheuelbergstraße und der Einmündung Brühlstraße.

Ab hier wandern wir nun die Scheuelbergstraße zum Scheuelberg hinauf. Die Straße endet an der Häusergrenze und wird zum Forstweg, der erst durch Wiesen und Gärten und dann in den Wald hineinführt. Das Wegzeichen ist das rote Dreieck. Es ist auf diesem Wegabschitt nicht

Abendlicher Blick vom Hornberg Richtung Kaiserberge.

ganz klar, ab wann dann das Wegzeichen (laut Karte) zur roten Gabel werden soll. Nicht verwirren lassen (vermutlich ein Druckfehler), dem roten Dreieck folgen. Nach zwei Kurven und etwa 800 m Weg durch den Wald bergauf zweigt ein Pfad nach rechts ab und bringt uns in einem letzten Steilstück vollends zum Scheuelberg und dessen Ostfels hinauf.

Von hier hat man einen beeindruckenden Blick auf den gegenüberliegenden Rosenstein mit der Ruine. Ein Pfad führt uns nun über den Scheuelberg. Kurz bevor es zum Naturfreundehaus Himmelreich hinuntergeht, hat man noch die Möglichkeit, vom Hohen Fels mit dem Gipfelkreuz (703 m) den schönen Ausblick ins Albvorland zu genießen.

Es geht nun steil bergab, erst durch den Wald. Kurz darauf überqueren wir eine Bergwiese. Hier führen zwei Pfade weiter, einer in den Wald hinein, leicht bergauf. Wir nehmen aber die Wegalternative rechts, kurz am Waldsaum entlang, dann im Wald. Nach 1 km erreichen wir das Naturfreundehaus Himmelreich, das von einer herrlichen Wacholderheide umgeben ist. Eine Rast bietet sich an.

Danach wandern wir auf dem Sträßchen, das zum Naturfreundehaus führt, gleich darauf auf einem kleinen Pfad, der die Straßenbiegung abkürzt, zu einer großen Wegkreuzung hinunter. Hier wandern wir nun auf einem asphaltierten Weg durch den Wald bergan, Richtung Bargauer Kreuz. Dieses erreichen wir nach einem knappen Kilometer. Wer noch

Urgemütlich: das Franz-Keller-Haus auf dem Kalten Feld.

über genügend Zeit und Energie verfügt, kann hier auf dem Stichweg das sehenswerte Naturschutzgebiet Bargauer Horn erreichen und erkunden (etwa eine Stunde zusätzlich einplanen).

Ab dem Bargauer Kreuz folgen wir weiter geradeaus dem roten Dreieck. Nach 2 km stoßen wir wieder auf die Wegkreuzung, die wir bereits früher am Tag Richtung Falkenhöhle durchwandert haben. Ab hier wandern wir auf der mit der roten Gabel beschilderten Strecke zur Glasklinge zurück. Diese mit etwa 1 km recht kurze Wegdoppelung könnten wir vermeiden. Die Wegalternative ist aber mit einem langen Ab- bzw. Anstieg verbunden.

Den Einstieg zur Glasklinge lassen wir links liegen und wandern weiter auf unserem Weg Richtung Bernharduskapelle (Wegzeichen: rotes Kreuz/Glaubensweg), die etwas später über einen kurzen Stichweg erreichbar ist. Wenige Meter von der Kapelle befinden sich ein großes Holzkreuz und ein schöner Aussichtspunkt mit Blick aufs Remstal.

Zurück auf unserer Route geht es erst durch den Wald, kurz darauf über Felder und Wiesen, bergab zum Furtlepass (630 m). Wir überqueren die Straße L 1160 und wandern dem roten Kreuz folgend weiter, bis wir kurz darauf auf die Zufahrtsstraße zum Segelfluggelände, die K 3278, stoßen. Ihr folgen wir 500 m bis zum Fluggelände.

Dort wandern wir bis zum Trauf des Hornbergs vor und halten uns links. Unsere Wanderroute folgt nun dem Verlauf des Albtraufs. Wir wandern am Gelände und den Gebäuden der Segelflugschule vorbei. Zwischendurch finden wir immer wieder Aussichtspunkte mit Blick auf die Kaiserberge.

Die Drei Kaiserberge sind der Hohenstaufen, der Stuifen und der Rechberg. Die Burg auf dem Hohenstaufen ist die Wiege des mächtigen Staufergeschlechts. Der Rechberg und die auf ihm stehende barocke Wallfahrtskirche sind Ziel vieler Pilgerfahrten. Früher stand auch auf ihm eine Burg. Der 757 m hohe Stuifen ist unbebaut. Alle drei Berge sind sogenannte Zeugenberge, sie waren also früher alle mit der Alb verbunden. Erosionsprozesse haben sie von der Alb abgetrennt.

Hinter der Segelflugschule geht es nochmals leicht bergauf, kurz in den Wald hinein, bevor wir wieder auf offenem Gelände Richtung Kaltes Feld wandern. Nach 1 km erreichen wir dann eine Weggabelung. Hier müssen wir nach rechts und erreichen nach 300 m das Franz-Keller-Haus (781 m), unsere Hütte für die heutige Nacht, und die wunderschöne Heidelandschaft des Kalten Feldes.

Eine Übernachtungs-Alternative, die auch teilweise unter der Woche geöffnet ist, ist das Knörzerhaus. Es liegt wenige hundert Meter vom Franz-Keller-Haus in östlicher Richtung.

3. Tag: *Vom Kalten Feld nach Geislingen*

Hinter dem Franz-Keller-Haus liegt der Einstieg unserer heutigen Etappe. Es ist ein hauptsächlich geschotterter Weg/Pfad mit dem Wegzeichen blauer Strich, der uns ins 3½ km entfernte Nenningen hinunterführt. Der Weg zieht zuerst übers offene Feld, dann am Waldsaum entlang, bevor er dann im Wald und zuletzt wieder über offenes Gelände stetig bergab verläuft.

Ab dem Ortsrand von Nenningen (468 m) ist der Weg asphaltiert. Über die Kaltenfelder Straße, die Christental- und Bergstraße erreichen wir die Nenninger Ortsmitte. Hier geht's nach rechts, Richtung Donzdorf, und wir folgen ein kurzes Stück der

Hauptstraße des Ortes, der B 466. Nach 400 m biegen wir nach links in die Straße »Unterer Bahnhof« ab. Unser Wegzeichen ist nun das blaue Dreieck.

Am Friedhof vorbei beginnen wir nun mit dem Aufstieg. Der asphaltierte Weg steigt steil an. Haben wir nach einem knappen Kilometer den Waldrand erreicht, führt uns zuerst ein geschotterter Weg, später ein Trampelpfad zur Albhochfläche (667 m) hinauf. Nun halten wir uns links und wandern 300 m bis zu einer T-Kreuzung: Hier nach rechts. Die nächsten 2 km folgen wir dem Wegzeichen rote Raute bis zum Wanderparkplatz »NSG Teufelsküche«, der direkt an der K 1400 liegt. Hier 200 m nach rechts, dann nach links auf dem Feldweg, der in die Nenninger Straße übergeht und uns nach Schnittlingen hineinlotst.

Hier verlassen wir kurz die markierte Route und wandern 100 m auf der Treffelhauser Straße/K 1400 zum nördlichen Ortseingang. Nun nehmen wir den Feldweg, der nach rechts abgeht. Nach etwa 300 m taucht wieder eine Wegmarkierung auf. Dieser folgen wir die Brunnsteige hinunter ins Roggental. Im Tal halten wir uns rechts (rote Gabel) und wandern rund 2 km bis zum Mordloch, einer unscheinbaren Höhle. Nach einer Rast wandern wir in dem schönen Tal weiter auf geschotterten Wegen 4 km nach Eybach.

Der roten Gabel folgend (die Obere Roggenmühle passieren – Einkehr) kommen wir zur Unteren Rog-

Das idyllische Roggental lädt bei seinen Mühlen zur Einkehr ein.

genmühle. Hier überqueren wir die Straße und gehen auf dem bereits vom ersten Tag bekannten Wegabschnitt etwa 2 km nach Eybach weiter (rote Gabel). Via Rösgasse geht's in die Ortschaft hinein. Dann nach rechts, die L 1221 überqueren und die Roggentalstraße zum Schloss nehmen. An diesem vorbei und gleich darauf nach links wandern. Ein kurzer, aber steiler Anstieg bringt uns wieder zum Albtrauf hinauf. Dabei passieren wir auch den Himmelfels.

Die folgenden 3 km verlaufen am Albtrauf entlang (rote Raute), zuerst auf einem geschotterten Waldweg, dann auf einem Waldweg bzw. Pfad (je nach Pflegezustand). Ausblicke ins Eybtal sind aber wegen der dichten Hangbewaldung eher selten. Der Weg endet nach knappen 3 km. Nach rechts führt ein Waldweg auf die Hochfläche hinaus. Wir müssen nach links, auf einem Pfad in den Hangwald hinein. Diese Wegabzweigung zum Anwandfels bzw. nach Geislingen hinunter liegt etwas versteckt (rote Raute). Nach 50 m erreichen wir den Aussichtsfels. Tolle Ausblicke hat man von hier auf Geislingen und in die Täler der Fils hinein.

Der steile Abstieg nach Geislingen beginnt im Hangwald, wenige Meter vor dem Fels. Nach zehn Minuten queren wir die K 1400, die ebenfalls nach Geislingen hinunterführt. Aufpassen! Nach 200 m stößt unser Weg kurz vor dem Tal wieder auf den Verlauf dieser Straße. Wir folgen der Straße die letzten Meter ins Tal hinunter und treffen an einer großen Straßenkreuzung auf die L 1221/Heidenheimer Straße: Hier nach rechts und auf der großen Straße die Gleise überqueren (kein Wegzeichen).

Geislingen an der Steige zählt rund 28 000 Einwohner und wird auch »Fünftälerstadt« genannt. Das sind das obere und mittlere Filstal, das Rohrachtal, das Eyb- und das Längental. Bekannt ist Geislingen vor allem für seine »Württembergische Metallwarenfabrik« – kurz WMF.
Die Stadt selbst besitzt eine fast vollständig erhaltene mittelalterliche Stadtanlage. Der um 1445 errichtete ehemalige Kornspeicher, der »Alte Bau«, gilt als eines der schönsten Fachwerkhäuser Württembergs.
Weiteres unter www.geislingen.de und bei der Stadtinformation, Hauptstraße 1, 73312 Geislingen an der Steige, Telefon (0 73 31) 2 42 53.

Hinter der Brücke biegen wir nach links in einen Seitenverlauf der Heidenheimer Straße ab. Wir folgen dem Verlauf dieser kleinen Straße und stoßen nach 500 m und einer Rechtskurve wieder auf den Hauptverlauf der Heidenheimer Straße/K 1441: Hier nach links. Die Heidenheimer Straße geht nach einem knappen Kilometer in die Bahnhofstraße über. Genau hier liegt der Bahnhof.

Vom Anwandfels geht's steil hinunter ins Filstal zum Start- und Schlusspunkt Geislingen.

Die Highlights der mittleren Alb auf einen Rutsch

*Bad Urach – Falkensteiner Höhle – Hochwang – Kellental – **Wanderheim Burg Teck (SAV)** – Breitenstein – Reußenstein – Filsursprung – Schertelshöhle – **Wanderheim Harpprechthaus (DAV)** – Schopfloch – Gutenberger Höhlen – Große Schrecke – Erdtal – Zittelstatt – Bad Urach*

Die Gegend zwischen Bad Urach und Wiesensteig vereint wohl die meisten Klischees, die der Alb zugeschrieben werden: Höhlen, Burgen, Felsen, enge Täler, Maare, archäologische Schätze – Höhepunkte wie an der Perlenschnur aufgereiht. Mit unserer Route wollen wir möglichst viele abdecken. An Tag 1 begegnen wir einer der schönsten Höhlen der Alb, der Falkensteiner Höhle. Dann geht es entlang wundervoller Trauflandschaften zur Burg Teck. Am folgenden Tag erkunden wir die Ruine Reußenstein, den Filsursprung und die Schertelshöhle. Auf unseren Wegen liegen das Randecker Maar und der beeindruckende Breitenstein. Der letzte Tag steht im Zeichen der Gutenberger Höhlen und der »Großen Schrecke«, einem wilden Felstal. Danach geht es wieder nach Bad Urach.

- **Übernachtung:**
  Wanderheim Burg Teck des Schwäbischen Albvereins (bewirtschaftet): Postfach 1141, 73277 Owen, Telefon (0 70 21) 5 52 08, www.burg-teck-alb.de

  Wanderheim Harpprechthaus des Deutschen Alpenvereins (bewirtschaftet): Im Stockert 1, 73252 Lenningen-Schopfloch, Telefon (0 70 26) 21 11, www.harpprechthaus.de

- **Streckenlänge:** *21 km (1. Tag), 28 km (2. Tag), 20 km (3. Tag).*

- **Zeit:** *7 Stunden (1. Tag), 7½ Stunden (2. Tag), 6½ Stunden (3. Tag).*

Die Schwäbische Alb

- **Karte:** *Freizeitkarte F 524 (Bad Urach) im Maßstab 1 : 50 000. Herausgegeben vom Landesamt für Geoinformation und Landentwicklung Baden-Württemberg.*

- **Anschlusshütte/Tourverlängerung ab Harpprechthaus des Deutschen Alpenvereins:** *Naturfreundehaus Seltbachhaus, Bad Urach.*

- **Öffentlicher Nahverkehr:** *An- und Abfahrt mit der Bahn bis bzw. von Bad Urach.*
  Löwen*Line* **(0 18 05) 77 99 66***
  Ihre Fahrplanauskunft im Land. 24 Stunden die besten Bus- und Bahnverbindungen erfahren.
  *(0,14 €/Min. aus dem dt. Festnetz; höchstens 0,42 €/Min. aus Mobilnetzen)

1. Tag: *Von Bad Urach zur Burg Teck*

Unsere Wanderung beginnt vor dem alten Bahnhof von Bad Urach (464 m). Mit dem Rücken vor dem Bahnhof stehend, wenden wir uns nach rechts und folgen der Straße »Beim Tiergarten« in die Stadt hinein (rotes Dreieck, links die Altstadt). Die Straße wird nach 300 m zur Ulmer Straße. Nach weiteren 300 m biegen wir nach links in die Neuffener Straße ein. Es geht leicht bergauf. Nach etwa 350 m wandern wir nach rechts in der Straße »Am Mahlensteig« weiter. Deren Verlauf am Hang folgen wir vollends aus dem malerischen Städtchen hinaus (rote Gabel).

Dann geht es leicht bergab und wir stoßen auf eine Forellenzucht und einen Campingplatz. Weiter wandern wir nun im Tal, am Waldsaum entlang. Nach 1 km treffen wir auf die L 211. Wir müssen die Straße überqueren, wenige Meter an deren linker Seite zurückgehen und dann scharf nach links abbiegen.

Die Falkensteiner Höhle ist auch ein beliebtes Ziel für Höhlenforscher.

Tour 6 — Die Schwäbische Alb

Nach der Besichtigung der Höhle wird der Pfad steiler und bringt uns serpentinenartig den Waldhang hinauf. Nach 600 m Anstieg stoßen wir auf einen Waldwirtschaftsweg. Hier ist Konzentration vonnöten, da einige unbeschilderte Alternativen auftauchen – kurz links halten, dann rechts auf dem Waldweg Richtung Heidengraben (rote Gabel). Der ist gleich darauf erreicht.

Wir gehen zur K 6758 vor und halten uns links. Am Wanderparkplatz vorbei, wandern wir nun auf einem asphaltierten Feldweg entlang der linken Straßenseite nach Grabenstetten hinein. In Grabenstetten (710 m) bringt uns die Böhringer Straße geradeaus weiter in den Ort hinein und wir treffen nach 500 m beim Gasthof »Hirsch« auf eine Straßenkreuzung. Hier gehen wir geradeaus in die Junggasse, die in ihrem fast geraden Verlauf in die Ziegelstraße übergeht, welche wiederum aus dem Ort hinausführt.

Das Wegzeichen führt uns entlang der Elsach gemächlich das Pfähler Tal zur Falkensteiner Höhle hinauf. Nach 700 m treffen wir dann auf einen Grillplatz. Ab hier wird der Weg zum Pfad und führt durch den Wald leicht bergan zur Höhle. Die ist kurz darauf erreicht (Wissenswertes zur Höhle und zum Heidengraben unter www.grabenstetten.de).

Das Wegzeichen rote Gabel weist uns nun auf Wirtschaftswegen übers offene Feld leicht nach rechts. Nach einem guten Kilometer ist der Albtrauf erreicht, an dessen Rand wir

Blick vom Teck-Bergrücken auf das zwischen den Traufen liegende Lenninger Tal.

nun Richtung Hochwang (noch 2 km) weiterwandern. Kurz darauf verschwindet der Pfad im Wald, kreuzt dann wieder offenes Gelände, um dann wieder im Wald zu verlaufen. Auf diesem Streckenabschnitt passieren wir auch das Kesselfinkenloch, eine Höhlenruine.

Am Hochwanger Ortseingang (700 m) stoßen wir auf die K 1264/ Hochwanger Steige und überqueren diese (schlecht einsehbar – Achtung!). Auf der anderen Seite geht es auf einem geschotterten Sträßchen kurz leicht bergauf (rote Gabel). Dieses Sträßchen führt uns hinter der Neubausiedlung in den wunderbar lichten Traufwald hinein. Der Weg wird zum Pfad. Nach 500 m ist der Kammfels erreicht, mit schönem Blick ins Lenninger Tal und auf den Teckberg (allerdings ohne Burg, die um die Ecke liegt).

Die eigentlich exponiertere Aussicht – vom 600 m weiter entfernten Schrofelfels – war bei unserer Vorwanderung leider zugewachsen. Nach weiteren 500 m stößt der Weg beim Stadion aus dem Wald hinaus. Er verläuft weiter am Trauf, links offenes Feld und Erkenbrechtsweiler. Nach 1 km weist uns dann die rote Gabel nach rechts, das Kellental nach Unterlenningen hinunter. Durch den Hangwald erfolgt nun ein steiler Abstieg über fast 300 Höhenmeter.

Kurz vor dem Ort führt uns ein Feldweg durch Streuobstwiesen nach Unterlenningen hinein (425 m). Via Max-Leuze-Straße geht es Richtung Ortsmitte. Dort treffen wir auf die Kirchheimer Straße/B

465. Hier nach rechts und deren Verlauf 600 m bis zum Altenheim folgen. In der Kurve geht die Engelhofstraße ab. Deren Verlauf und der roten Gabel folgen wir nun aus dem Ort hinaus.

Ein Feldweg bringt uns dann in einem Rutsch über Wiesen und Felder nach 2 km zum sogenannten Sattelbogen (610 m), einer großen Wegspinne, die zwischen Teckberg und Albhochfläche im Wald liegt, hinauf. Ab hier folgen wir dem roten Dreieck 2 km und nehmen den Trampelpfad bergan, der uns nach steilem Anstieg zur Burg Teck (775 m) führt. Unterwegs liegt noch der Aussichtspunkt Gelber Fels.

Die genaue Bauzeit der Burg ist nicht bekannt, fällt aber wohl unter die Regierungszeit des Herzogs Konrad von Zähringen, der von 1122 bis 1152 regierte. Um 1188 nannte sich ein Nachfolger des Herzogs, ein gewisser Adelbert, als Erster Herzog von Teck. Im 14. Jahrhundert ging die Burg in den Besitz der Grafen von Württemberg über, aus denen später die Könige von Württemberg hervorgingen. Da ein Verwandter des Königs eine englische Prinzessin heiratete, bestehen immer noch verwandtschaftliche Beziehungen zum dortigen Königshaus. Queen Elizabeth führt deshalb unter anderem den Titel einer Herzogin von Teck.

Die lange als uneinnehmbar geltende Burg wurde während der Bauernkriege von einem Bauernheer durch eine Finte eingenommen, geplündert und angezündet. Die Anlage war ab da dem Verfall preisgegeben und die Bewohner der benachbarten Dörfer bedienten sich beim Hausbau reichlich an den Steinen der Ruine. Der Aussichtsturm, die Wirtschaftsgebäude und das Wanderheim des Albvereins wurden in den 50er Jahren des vorigen Jahrhunderts errichtet.

2. Tag: *Von der Burg Teck zum Harpprechthaus*

Heute wandern wir zuerst zum Sattelbogen zurück. Von dort folgen wir dem roten Dreieck auf einem Pfad zur 500 m entfernten Ruine Rauber (780 m). Nach weiteren 500 m stößt der Pfad aus dem Wald und wird zum Sträßchen, das uns zum Freizeitheim Diepoldsburg (Übernachtungs-Alternative) bringt. Wir gehen durch das Anwesen hindurch und auf der K 1253 geradeaus weiter. Nach 200 m wandern wir dem Verlauf der Straße entsprechend nach links. Da es eine Zufahrtsstraße ist, bitte am linken Rand wandern.

Nach etwa 1 km stoßen wir auf die Ochsenwanger Steige/K1250, die von links unten kommt. Hier überqueren wir die Straße. Aufpassen, da die Stelle an einer schlecht einsehbaren Kurve liegt! Gleich darauf stoßen wir auf einen Wanderparkplatz und 200 m weiter auf den Breitenstein (812 m). Dieses herrliche Felsplateau gewährt uns tolle Ausblicke ins Bissinger Tal, zum Teckberg (von da kommen wir) und rechts bis zu den Kaiserbergen. Weiter geht es auf einem Wirtschaftsweg am Trauf entlang (rotes Dreieck). Nach 1 km eine Wegkreuzung: Hier geradeaus weiter, gleich darauf dann nach rechts. Der Feldweg bringt uns zur K 1254, die wir überqueren.

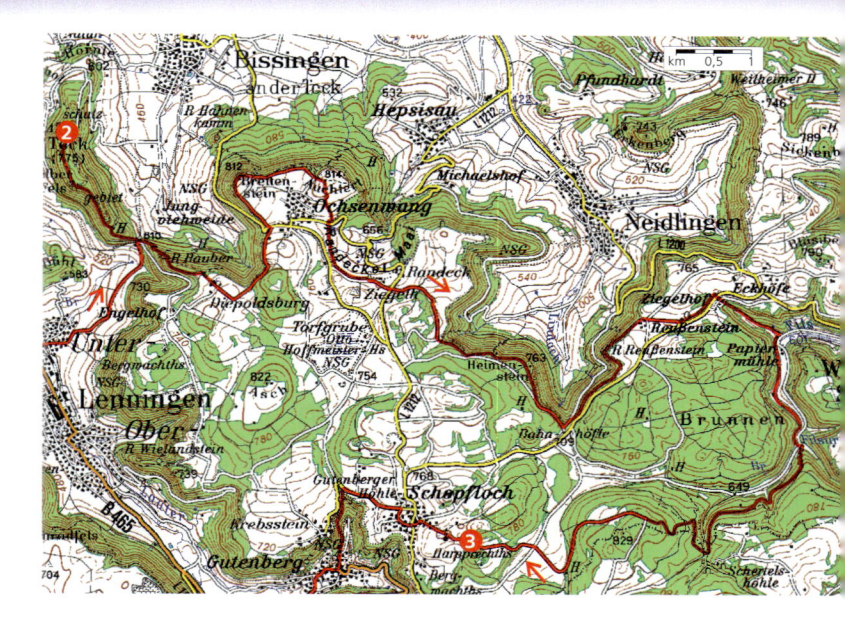

Jetzt haben wir das berühmte Randecker Maar erreicht. Unsere Route genehmigt uns während des nächsten Kilometers schöne Blicke von oben auf das Maar. Dann erreichen wir das Anwesen der Ziegelhütte Ochsenwang. Eine kleine Verschnaufpause bietet sich an. Gleich darauf überqueren wir die vom Weiler Randeck heraufkommende L 1212. Das rote Dreieck führt uns nach 1 km in den Wald.

Etwa 200 m weiter zweigt ein Pfad nach links ab, der uns wunderschön am Trauf entlang durch den Wald bringt und uns Ausblicke auf die Ruine Reußenstein und das Neidlinger Tal bietet (rotes Dreieck). Nach 1,5 km stößt der Pfad wieder auf den Wirtschaftsweg. Gleich darauf erreichen wir den Wanderparkplatz »Bahnhöfle«. Etwa 12,5 km unserer heutigen Etappe haben wir nun geschafft.

Jetzt geht es nach links hinauf – parallel zur K 1430 verläuft ein Weg mal an der Straße, mal wenige Meter entfernt im Hangwald. Nach 1,5 km dann eine Abzweigung nach links zur Ruine Reußenstein (760 m) nehmen, die dann auch gleich darauf erreicht ist: Wunderbare Postkartenblicke in alle Himmelsrichtungen.

Die Ruine liegt auf einem hochragenden Felsenriff, an dem auch gerne geklettert wird. Die Mauerreste der Gebäude und die Befestigungsanlagen sind teilweise restauriert. Die Burg wurde um 1300 erbaut, aber bereits 250 Jahre später nicht mehr bewohnt und verfiel zusehends. 1806 kam die Ruine in den Besitz des Königreichs Württemberg. Unter www.reussenstein.de gibt es weitere Informationen.

Auf einem Pfädchen führt uns dann das rote Dreieck durch den Traufwald weiter. Nach 600 m erreichen wir so den Reußensteinhof. Hier folgen wir der roten Raute nach rechts, vor zur K 1430. Ein kurzes Stück verläuft unsere Strecke nun auf einem Feldweg an der linken Seite dieser Straße entlang.

Dann erreichen wir die Abzweigung zum Ziegelhof. Hier überqueren wir die Straße. Hinter dem Hof bringt uns nun das Wegzeichen rote Raute durch das kleine romantische Autal zur Fils hinunter. Nach 1 km treffen wir auf die Fahrstraße, die zum Wanderparkplatz Filsursprung führt. Hier nach rechts.

Nach etwa 1 km verlassen wir die markierte Route, halten uns rechts und wandern den sogenannten Wiesensteiger Geopfad entlang. Dieser führt uns auf einem Pfad 2 km wunderschön an der rechten

Vom Breitenstein sieht man unser altes Wanderheim, die Burg Teck.

Vom Filsursprung aus sind es nur noch wenige Kilometer bis zur nächsten Hütte.

Talseite der Fils zum Ursprung dieses Flusses. Ein Grillplatz lädt hier zu einer Rast ein.

Hinter der Quelle des Flusses (und ein paar Meter weiter im Hasental) führt uns dann das Wegzeichen rote Gabel hinauf in den Talwald. Parallel zum Hasental verläuft unsere Route nun im Hangwald. Nach 2 km erreichen wir so eine der schönsten Schauhöhlen der Alb: die Schertelshöhle (722 m). Eine Besichtigung lohnt sich wirklich.

Dann geht's weiter – wir wandern wenige Meter unseres Weges zurück, um die Wegabzweigung Richtung Ruine Reußenstein zu nehmen (rote Gabel). Nach 400 m links halten und weiter der Gabel (und nicht der nun auftauchenden Raute) durch den Wald folgen. Nach 2,5 km stößt der Weg aus dem Wald und wir nehmen den asphaltierten Weg nach rechts, der kurz darauf einen anderen asphaltierten Weg kreuzt.

Hier wandern wir geradeaus weiter und folgen dem Hinweisschild zum Harpprechthaus. Es geht bergauf und nach wenigen hundert Metern ist das Übernachtungsquartier erreicht. (Übernachtungs-Alternativen sind das wenige Kilometer entfernte Naturfreundehaus Römerstein oder das wenige hundert Meter entfernte Albhaus des Deutschen Alpenvereins.)

3. Tag: Vom Harpprechthaus nach Bad Urach

Das Wanderheim verlassen wir und folgen nun der roten Raute nach Schopfloch (762 m) hinein. Wir treffen auf die Vordere Bergstraße (nach links), dann 500 m weiter, innerorts auf eine Kreuzung. An der Ortslinde gibt es nun etliche Wegzeichen.

Wir folgen der roten Raute nach rechts, wandern durch das Örtchen und treffen nach 300 m am Ortsende auf das Fahrsträßchen nach Krebsstein. Ihm folgen wir bis zu einer scharfen Linkskurve. In der Linkskurve beginnt dann sowohl der steile Abstieg nach Gutenberg hinunter als auch der Zugang zu den zwei Gutenberger Höhlen (Gußmannshöhle und Gutenberger Höhle).

Zwei Karsthöhlen liegen hoch über dem Ort Gutenberg. Zum Schutz der Fledermäuse sind die Höhlen von Anfang November bis Ende April geschlossen. Führungen werden ab dem 1. Mai angeboten. Nur dann kommt man auch tiefer in die Höhlen hinein und nicht nur in die Vorräume. Die Höhlen liegen nicht auf der direkten Wanderroute, können aber über kurze Stichwege erreicht werden.
Unter www.lenningen.de gibt es aktuelle Informationen über die Höhlen. Gruppenführungen sind nach telefonischer Absprache auch unter der Woche möglich: Ortsverwaltung Gutenberg, Hauptstraße 14, 73252 Lenningen-Gutenberg, Telefon (0 70 26) 78 22, E-Mail: ov.gutenberg@lenningen.de

Die rote Raute ist weiterhin das Wegzeichen. In Gutenberg (532 m) kommen wir bei der Gemeindehalle heraus. Wir folgen der Schillerstraße in den Ort hinein und stoßen dann auf die Hauptstraße. Das Wegzeichen wechselt: rote Gabel. Wir wandern nach rechts, dem Verlauf der Hauptstraße bis zum Ortsausgang folgend.

An der linken Straßenseite der B 465 wandern wir dann weiter Richtung Schlattstall. Kurz vor Schlattstall links halten, unter der Fallrohranlage hindurch und weiter in das Dorf hineinwandern. Beim Gasthof »Hirsch« geradeaus weiter und der Etterstraße zum Ortsausgang folgen.

Eine Besichtigung der Gutenberger Höhlen sollte man einplanen.

Die Schwäbische Alb — Tour 6

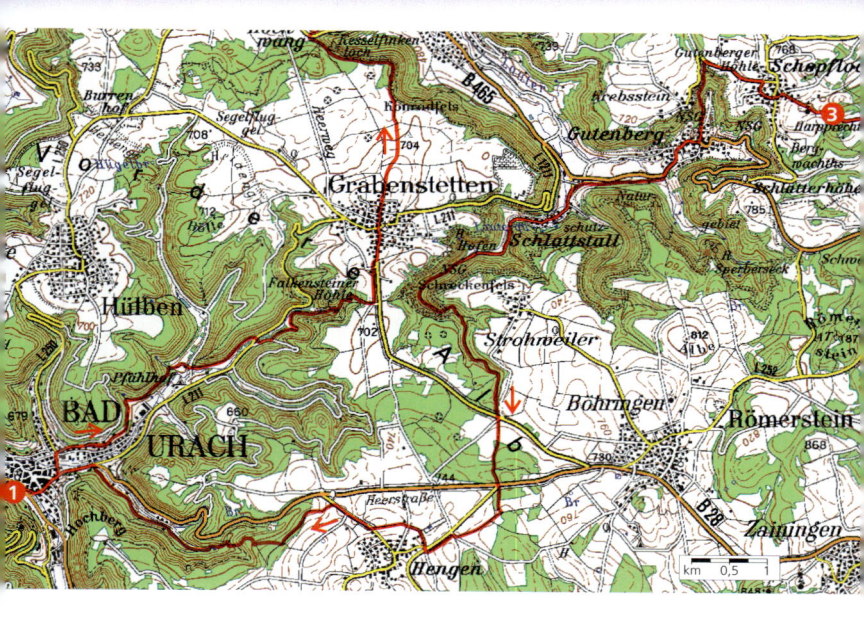

Auf einem Feldweg geht es an Streuobstwiesen und einem Bach entlang. Alle Wegabzweigungen lassen wir links liegen und wandern immer tiefer in das Tal hinein. Die Berghänge und der Wald rücken immer näher, je mehr wir Richtung Talende wandern. Der Bach wird zum Bächlein und danach zum Rinnsal. Dann tauchen wir in einen Bannwald ein. Kurz darauf ein Wegabzweig zur »Kleinen Schrecke«. Nicht nehmen!

Unser Weg über die »Große Schrecke« führt uns über Pfade und Treppen eine enge, felsige Schlucht hinauf. Nach der Treppenpassage müssen wir uns links halten und dem gelben Dreieck ins Erdtal folgen. Auf einem Pfad geht es durch klobige Felsen hindurch. Mit der Zeit wird der Pfad breiter, zieht gemächlich bergan und nach 2 km erreichen wir einen Wanderparkplatz (712 m) an der K 6758. Von hier sind es nun noch etwa 10 km nach Bad Urach (keine 13 km wie auf dem Wegweiser!).

Wir überqueren die Straße und folgen dem gelben Dreieck leicht bergan in ein Waldstück. Kurz darauf müssen wir die B 28 überqueren und stoßen 600 m weiter auf einen weiteren Wanderparkplatz, der an der L 245 liegt. Hier sind zwei Straßen zu überqueren, zuerst die Zufahrtsstraße des Parkplatzes, dann die L 245. Weiter geht's auf einem Feldweg, dem gelben Dreieck folgend, das Örtchen Hengen nun links.

Unser Weg stößt nicht weit vom Ortsende von Hengen auf die K 6707.

Kurz hinter Schlattstall liegt ein enges und wildes Felstal, die »Große Schrecke«.

Zum Schluss lockt Urach mit seinen Thermen und gemütlichen Gasthäusern.

An ihrer linken Seite wandern wir 400 m weiter, bevor ein Feldweg nach links abgeht, in den Wald. Gleich darauf, am Waldrand, nehmen wir die mittlere Wegalternative und folgen dem gelben Dreieck in den Wald. Rund 500 m verläuft der Weg eben, bevor er nach rechts abzweigt und uns erst moderat, kurze Zeit später sehr steil auf Pfaden in ein Uracher Seitental (Zittelstatt) hinabführt.

Im Tal angekommen, wandern wir auf der linken Talseite entlang eines Baches nach Bad Urach hinein. Unterwegs passieren wir eine Hundeschule, die alte Uracher Sprungschanze und das kleine Waldstation eines Fußballvereins. Wir treffen auf die Ulmer Straße und gelangen auf dieser wie am ersten Tour-Tag zum Bahnhof. Ein Abschluss in einem der vielen gemütlichen Lokale in der malerischen Altstadt bietet sich an.

Die Schwäbische Alb · Tour 7

Traufgängertour über die fotogene Zollernalb

*Bodelshausen – Naturschutzgebiet »Beurener Heide« – Boll – Zeller Horn – **Wanderheim Nägelehaus (SAV)** – Ruchtal – Burgfelden – Felsenmeer – Laufen – **Lochenhütte (SAV)** – Schafberg – Hausen am Tann – Plettenberghütte – Schömberg*

Drei Tage sind wir in einem der schönsten Gebiete der Alb unterwegs – auf der Zollernalb. Highlights am ersten Tag sind vor allem die duftende Beurener Heide und die Bilderbuchblicke vom Zeller Horn auf die imposante Burg Hohenzollern, die wir nach einem tollen Anstieg genießen dürfen. Am zweiten Tag werden wir zu Traufgängern und wandern auf preisgekrönten Pfaden über Berg und Tal zum Gipfelkreuz des Lochensteins. Auf der letzten Tagesetappe begegnen uns dann erneut schöne Ausblicke, Wacholderheiden, gratartige Anstiege und zum Schluss ein erfrischender Sprung in das kühle Nass des Schömberger Stausees.

- **Übernachtung:** *Wanderheim Nägelehaus des Schwäbischen Albvereins (bewirtschaftet): Am Raichberg 1, 72461 Albstadt-Onstmettingen, Telefon (0 74 32) 2 17 15, www.naegelehaus.de*

  Lochenhütte des Schwäbischen Albvereins (Selbstversorgung): Telefon (0 74 33) 1 59 64, www.schwaebischer-albverein. de/balingen/lochen.html

- **Streckenlänge:** *20 km (1. Tag), 29 km (2. Tag), 16 km (3. Tag).*

- **Zeit:** *6½ Stunden (1. Tag), 8 Stunden (2. Tag), 5½ Stunden (3. Tag).*

- **Karte:** *Wanderkarte WAB (Albstadt/Balingen) im Maßstab 1 : 35 000. Herausgegeben vom Landesamt für Geoinformation und Landentwicklung Baden-Württemberg.*

- **Anschlusshütte/Tourverlängerung ab Lochenhütte des SAV:** *Wanderheim Nusplinger Hütte des Schwäbischen Albvereins, Nusplingen.*

- **Öffentlicher Nahverkehr:**
  Anfahrt: von Tübingen nach Bodelshausen.
  Abfahrt: ab Bahnhof Schömberg.

LöwenLine **(0 18 05) 77 99 66***
*Ihre Fahrplanauskunft im Land.
24 Stunden die besten Bus- und Bahnverbindungen erfahren.
(0,14 €/Min. aus dem dt. Festnetz; höchstens 0,42 €/Min. aus Mobilnetzen)

1. Tag: *Von Bodelshausen zum Nägelehaus*

Unsere Wanderung beginnt am Bahnhof von Bodelshausen, nördlich von Hechingen. Mit dem Rücken vor dem Bahnhofsgebäude stehend, müssen wir nun nach rechts die Bahnhofstraße 300 m bis zur Einmündung in die Tübinger Straße vorwandern. Ab hier: Wegzeichen blaues Dreieck. Wir überqueren diese Straße, wenden uns nach rechts und wandern am linken Straßenrand 400 m ortsauswärts (rechts der Butzensee).

Dann zweigt ein asphaltierter Feldweg nach links ab. Diesem folgen wir 300 m und unterqueren nun die B 27. Nach rechts, dem Verlauf des Feldweges folgen. Die erste Abzweigung nach rechts ist dann unsere Weg-Fortführung. Wir unterqueren die Gleise und wandern an der gleich darauf auftauchenden Kreuzung geradeaus in den Wald hinein.

Nun beginnt ein zunehmend anstrengender, aber wunderbar schattiger Aufstieg nach Beuren, bei dem wir etwa 200 Höhenmeter überwinden. Er verläuft meist auf Waldpfaden, die bei nasser Witterung oft etwas schwerer zu gehen sind, da sie verschlammen. Gleich zu Beginn plätschert links von uns noch ein Bächlein talwärts. Unser Wegzeichen: das blaue Dreieck.

Nach 4 km stößt unsere Route aus dem Wald und wir treffen auf ein asphaltiertes Sträßchen (sogenannte Mössinger Straße). Hier kurz nach rechts und dann, 200 m weiter, nach links. Wir folgen nun dem Verlauf dieses unmarkierten Feldweges über das Rauzenfeld und lassen Beuren rechts liegen. Nach 1,5 km läuft dieser Weg in den Wald, um kurz darauf wieder aus diesem herauszugehen und dann, bei einer Wegspinne, auf einen geschotterten Weg zu stoßen.

Hier ist nun wieder unsere markierte Route. Wir wenden uns nach rechts und wandern diesen Weg etwa 200 m bergab (also nicht zum Dreifürstenstein hinauf!). Dann geht es nach links auf einem geschotterten Pfad mitten ins Naturschutzgebiet »Beurener Heide« hinein. Wiederum nach 200 m zweigt dann bei einem NSG-Schild, etwas versteckt, ein Weg nach links in die Heidelandschaft hinein ab. Das ist unser Weg.

Nun ist es ein wahrer Genuss durch die Wacholderheide zu wandern, immer mit Blick auf den Trauf und das Hohenzollernschloss. Der Verlauf des Pfades geht zuerst leicht bergab, durch die Heide, und macht dann eine 180-Grad-Wendung in ein Waldstück hinein (bergauf), um dann gleich darauf wieder bergab zu ziehen. Nach knapp 2 km gemächlichen Abstiegs kommen wir nach Hechingen-Schlatt. Via Brunnenwörtstraße, Wuhr- und Killertalstraße erreichen wir in der Ortsmitte die B 32 und überqueren diese, um in die Neubergstraße zu gelangen.

Deren Verlauf folgend, überqueren wir die Schienen und gelangen aus dem Ort hinaus. Folgende Wegzeichen tauchen dabei auf: das Kreuz des Glaubenswegs, die blaue Jakobsmuschel und nun auch die blaue Raute. Direkt am Ortsende weist uns diese nach links auf einen Feldweg und begleitet uns fast in direkter Linie erst 1,5 km bergauf und dann 1,5 km bergab nach Hechingen-Boll. Dieser Wegabschnitt ist klar markiert.

Kurz vor Boll überqueren wir den Reichenbach und gelangen via Junginger Straße, Eichgasse, Mitteldorf, Dorfstraße und Zollerbergstraße zuerst in den Ort hinein bzw. dann hinaus. Wegzeichen: blaue Raute. Die Zollerbergstraße führt quasi direkt auf den Schlossberg zu (noch etwa 3 km zum Zeller Horn). Nach Ortsende geht es an Feldern und Obstwiesen vorbei, Richtung Waldrand, immer leicht bergauf. Am Waldrand zieht es 200 m nach rechts.

Gleich darauf eine Wegspinne. Hier treffen wir wieder auf das blaue Dreieck. Diesem folgen wir nun und wenden uns scharf nach links. Ein Waldweg führt uns zur Kapelle Mariazell. Wegabzweigungen nach rechts ignorieren wir und folgen dem blauen Dreieck (bzw. dem rot unterstrichenen grünen Baum des Main-Neckar-Rhein-Wanderweges). Kurz vor der Kapelle geht es leicht bergan. Von der

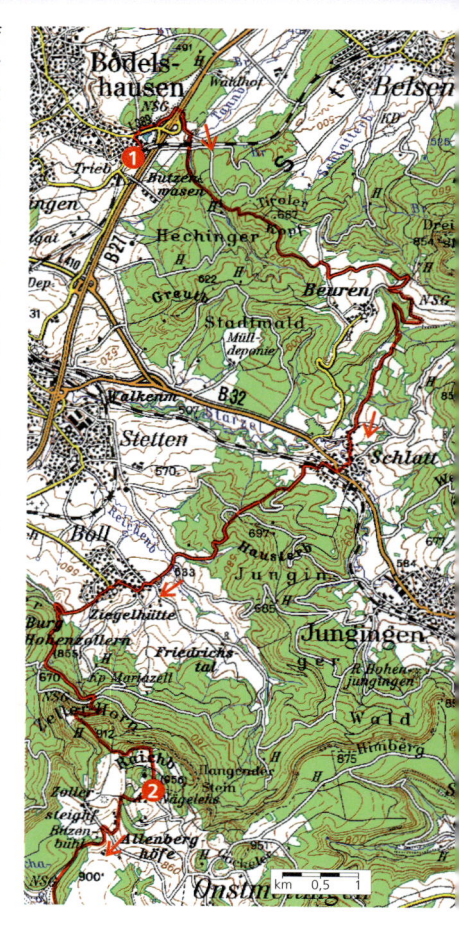

Der Ausblick vom Zeller Horn ist wohl einer der schönsten Punkte der Wanderung.

Kapelle aus hat man einen herrlichen Blick auf Boll und den Albtrauf.

Hinter dem Friedhofseingang führt ein geteertes Sträßchen weiter kurz bergan. Dann treffen wir an der sogenannten Skihütte auf eine Wegkreuzung. Ab hier müssen wir dem roten Strich auf weißem Grund folgen. Der Pfad führt rechts an der Skihütte vorbei und uns dann in kurzen, aber steilen Serpentinen direkt hinauf zum Zeller Horn (912 m) mit seiner atemberaubenden Aussicht auf Schloss und Albvorland. Sind die gemauerten Treppen unterhalb der Schutzhütte erreicht, ist man quasi da.

(Eine schöne Wegalternative ist übrigens der Aufstieg via Zollerwiese. Dafür dem unmarkierten Waldweg rechts von der Skihütte folgen, der uns durch den Wald, quer zum Hang, kurvenlos zur Zollerwiese bringt, dann die Wiese überqueren und dann den Pfad rechts unterhalb des Horns zum diesem hinauf nehmen. Diesen Pfad aber aus Naturschutzgründen nicht verlassen.)

Die Burg Hohenzollern ist die Stammburg des gleichnamigen Fürstengeschlechts und ehemaligen deutschen Kaiserhauses. Drei

Burgen wurden im Lauf der Zeit auf dem Zollerberg errichtet. Die erste im 11. Jahrhundert, die zweite um 1450. Die aktuelle Burg entstand von 1850 bis 1867 als Ausdruck des damals herrschenden, rückwärts gewandten romantischen Geistes und als Repräsentationsobjekt der preußischen Herrscher (ähnlich wie bei Neuschwanstein) und hatte keinerlei militärische Bedeutung.

Die komplette Anlage ist nach wie vor in Privatbesitz und gehört den Hohenzollern (sowohl der preußisch-protestantischen als auch der katholisch-schwäbischen Linie). Bis zur Wiedervereinigung befanden sich die Särge von Friedrich dem Großen und Friedrich Wilhelm I. auf der Burg. Die Burg ist heute eine touristische Attraktion und kann besichtigt werden. Näheres unter www.burg-hohenzollern.com, Telefon (0 74 71) 24 28.

Ein großes Hinweisschild zeigt uns die Wegabstände zu unseren nahen und fernen Zielen. Wir verlassen den Aussichtspunkt und folgen dem geschotterten Waldweg rund 1 km, bis er aus dem Wald heraustritt. An der Weggabelung nach links. Kurze Zeit später erreichen wir entlang des Traufes den Backofenfelsen und dann den Trauffelsen mit erneuten spektakulären Ausblicken. Hier nach rechts – wir müssen nur noch eine wunderbare Wiese überqueren und erreichen dann den Raichberg mit Aussichtsturm und Wanderheim Nägelehaus (956 m).

2. Tag: *Vom Nägelehaus zur Lochenhütte*

Vor dem Wanderheim stehend wenden wir uns nach links und orientieren uns am roten Dreieck. Wir wandern zuerst kurz auf einem asphaltierten Weg, der dann in einen Pfad übergeht, der leicht bergab durch ein Waldstück führt. Am Ende des Waldes zweigen wir nach links ab, Richtung Dagersbrunnen (900 m), welches wir nach 300 m durchqueren (Wegzeichen: braunes, stilisiertes Zeichen des Albtraufs: Traufgänge). Nach weiteren 300 m erreichen wir die Zufahrtsstraße zum Zollersteighof. Hier nach rechts, leicht bergauf und dann nach 200 m die Straße verlassen und nach links unten wandern, an den Liftanlagen des Skiklubs vorbei.

Hier beginnt das wunderbare Ruchtal. Wir wandern wenige Meter auf dem geschotterten Waldweg auf der rechten Seite des Tals in dieses hinein. Dann müssen wir auf die andere Seite des Tales wechseln (Wiesenweg) und wandern auf der linken Talseite weiter. Der Talverlauf beschreibt eine Linkskurve. Auf der linken Seite eine wunderschöne Wacholderheide.

Dann müssen wir nach rechts und bei der sogenannten Baumallee in der Mitte des Tales das Bächlein Schmiecha überqueren. Nun geht es

Abends gehört das Plateau des Lochensteins dem Wanderer. Unsere Hütte liegt nur 150 Meter von hier.

kurz bergan und auf einem kleinen Pfad erreichen wir kurz darauf, durch ein Gehöft wandernd, den sogenannten Stich (827 m) bei der L 360. Hier liegt auch ein Gasthof für eine mögliche Einkehr.

Wir überqueren die Straße und wandern kurz am linken Straßenrand der K 7141, die nach Pfeffingen führt, entlang. Dann weist das Wegzeichen rotes Dreieck auf einen Schotterweg, der auf der anderen Straßenseite abgeht und leicht bergab führt. Nach 200 m zweigt ein Pfad in den Wald hinein ab und es geht über ein Brückchen hinweg und den Hang hinauf. Nach knappen 2 km führt der Weg aus dem Wald hinaus und wir erreichen kurz darauf einen Wanderparkplatz. Hier geht's nach rechts auf einem befestigten Weg weiter. Wir passieren einen Bauernhof und biegen nach weiteren 300 m auf einen Erdweg nach links ab.

Der nun folgende 2,5 km lange Wegabschnitt ist wunderschön. Es geht erst auf einem Waldpfad durch lichten Traufwald, bevor sich dann der Blick öffnet und wir durch eine Wacholderheide ins Tal hinabwandern. Dort treffen wir an der Straße, kurz vor Pfeffingen, auf einen schönen Wanderrastplatz mit Brunnen. Hier überqueren wir auch die Straße. Es geht die Böschung hinauf und dann weiter bergan, zuerst entlang

Die Schwäbische Alb — Tour 7

einer Wacholderheide, später steiler, auf Serpentinen durch den Wald. Pfeffingen lassen wir links liegen. Wanderzeichen: rotes Dreieck.

Oben angekommen folgen wir unserem Wanderpfad etwa 600 m. Dann zweigt unsere Route scharf nach rechts ab und bringt uns weiter Richtung Trauf, nach 300 m dann nach links. Der Waldwirtschaftsweg geht direkt am Trauf in einen Pfad über. Diesem Pfad folgen wir nun knapp 2 km bis zum Aussichtspunkt Böllat und lassen Burgfelden bis dahin links liegen.

Dabei folgen wir drei Wegzeichen, dem braunen Traufgänger, dem roten Dreieck und dem rot unterstrichenen grünen Baum. Etwas Konzentration ist gefordert, will man direkt am Trauf wandern, da dort manche Wegabschnitte zugewachsen sind. Aber der Böllat ist quasi nicht zu verfehlen. Angelangt, hat man nach Süden einen beeindruckenden Ausblick auf den wellenförmigen Verlauf des Albtraufs. Dann folgen wir dem roten Dreieck nach Burgfelden hinein, das gleich erreicht ist.

Das kleine Burgfelden liegt auf der Berginsel des Böllat. Der Weiler hat etwa 320 Einwohner und ist nicht nur der kleinste Stadtteil von Albstadt, sondern mit 912 m über dem

Meeresspiegel auch der höchstgelegene. Inmitten des Dorfes liegt ein unscheinbares Kleinod, die Michaelskirche. Sie birgt bedeutende Wandmalereien aus der Zeit um 1080.
Unter www.burgfelderinfo.de gibt es weitere Informationen.

Über das Sträßchen »Im Gäßle« erreichen wir die Dorfmitte. Das dort liegende »Berg-Café« bietet sich zu einer Rast an. Die berühmte Michaelskirche liegt links um die Ecke. Wir biegen nach rechts in den Burgweg ein und folgen diesem aus dem Ort hinaus. Am Ortsausgang biegen wir nach links ab zum Wanderparkplatz Heersberg. Die Beschilderung ist ab hier mitunter etwas unübersichtlich – Konzentration.

Den Wanderparkplatz lassen wir links liegen und folgen dem Asphaltsträßchen weitere 50 m. Dann geht ein Wiesenpfad nach rechts ab und zum Albtrauf vor. Ab hier wandern wir nun auf einem Pfädchen und zwischen Kiefern am Albtrauf entlang. Quasi alle 50 m kommt ein Postkartenblick und die Möglichkeit auf einem Bänkchen zu rasten. Links ein Spiel- und Rastplatz und 300 m weiter dann linker Hand der vordere Heersberg mit seiner schönen Wacholderheide. Eine Mixtur aus Düften verschiedenster Art liegt in der Luft: Kiefern, Wacholderheide und Wiesenkräuter.

Hier geht ein geschotterter Weg nach rechts in den Wald hinein: Der Heersbergrundweg. Ihm folgen wir. Der Weg beschreibt eine Rechtskurve. Nach 200 m ein etwas versteckt liegender Aussichtspunkt nach Lautlingen hinunter. Nach weiteren 200 m dann die Abzweigung, rechts zum Felsenmeer hinab. Dem Wegweiser und der roten Raute folgen wir bergab (Felsenmeerweg).

Nach 200 m dann das Stichwegzeichen, das uns nach links zum Felsenmeer führt. Auf einem schattigen Waldpfad ist dieses erreicht. Einfach den Rucksack abstellen und zwischen den beeindruckenden Felsformationen umherschlendern. Dann geht es zurück zum Stichwegeinstieg. Ein Waldweg und die rote Raute führen uns weiter Richtung Laufen (2 km). Nach 500 m geht ein ausgeschilderter Weg nach links ab, der uns nach Laufen bringt. Ab hier sind es noch etwa 9 km bis zum Lochenstein.

Via Kaiserstuhlweg, Straße »Am Heersberg«, Verbindungspfad zur Steinbergstraße, dann von dieser nach rechts in die Balinger Straße gehend erreichen wir die Ortsmitte (Wegzeichen: rotes Dreieck/rot unterstrichener grüner Baum). Wir überqueren die Balinger Straße und folgen rechts der Straße K 7145 (Tieringer Straße), die aus Laufen hinaus und bergauf nach Tieringen führt. Gleich nach Ortsende verschwindet ein Pfad rechts im Wald und bringt uns kurz darauf zu einem Sportgelände mit schönem Rastplatz.

Dem geschotterten Waldweg folgen wir 1 km, dann zweigt nach links ein Pfad in einen Bannwald ab, durch den es in einem letzten, serpentinenartigen Steilanstieg entlang des Lerrenstallbaches hinauf zur Hochfläche geht. Vorsicht bei nasser Witterung. Kurz vor der Hochfläche eine Wegkreuzung. Nach links weist uns die rote Raute nach Tieringen, wo ein mögliches und vor allem für Gruppen geeignetes Ausweichquartier liegt, das Wanderheim Kohlraisle.

Wir aber wandern nach rechts, dem roten Dreieck aus dem Wald folgend. Die kommenden 3 km gehen wir jetzt direkt am Trauf entlang. Das Wegzeichen des Donau-Zollernalb-Wegs taucht zusätzlich auf … ignorieren. Nach 1,5 km erreichen wir den Aussichtspunkt Hörnle. Genießen!

Nach weiteren 1,5 km verschwindet der Pfad wieder in den Wald und bringt uns zum Lochenpass und zur dort liegenden Jugendherberge. Hier überqueren wir die L 440 (aufpassen – schnelle Fahrer!). Nach 100 m geht ein Pfad nach rechts ab (links ein Wanderparkplatz) und bringt uns durch eine letzte kurze Steilpassage zur herrlich liegenden Lochenhütte hinauf.

3. Tag: *Vom Lochen nach Schömberg*

Wenn wir es nicht schon gestern Abend gemacht haben, dann gehen wir jetzt von der Hütte die wenigen Meter über das Plateau vor zum Lochenstein (963 m), von dem man einen herrlichen Blick aufs Albvorland bis zum Schwarzwald hinüber genießen kann. Wenige Meter vom Gipfelkreuz entfernt geht es dann hinunter, zum Fuß des Wenzelsteins. An der Wegspinne folgen wir dem roten Dreieck nach rechts, durch die Wacholderheide hinauf.

Dreht man sich um, hat man einen tollen Blick auf eine typische Alblandschaft: Wacholderheiden und Schafweiden, Felsen und Wälder. Nach 400 m biegen wir nach rechts ab und vollenden nach weiteren zehn Minuten durch Wacholderheiden unseren Anstieg auf den Schafberg. Wir kommen im Wald beim Gespaltenen Fels (etwa 1000 m) heraus, der in ferner Zukunft ganz von der Alb abbrechen wird. Hier wandern wir nun im schattigen Traufwald nach links. Auf unserem Weg gleich der »Hohe Fels« (996 m) mit Blick zum Plettenberg.

Nach 400 m stoßen wir auf eine Wegkreuzung. Wir wandern geradeaus weiter und folgen nun der roten Raute. Der Pfad führt uns aus dem Wald heraus und durch eine Heidelandschaft und vorbei an knorrigen Kiefern nach einem knappen Kilometer zum Aussichtspunkt Schafberg (988 m). Von hier hat man einen herrlichen Blick auf unser nächstes Etappenziel – den gegenüberliegenden Plettenberg.

Jetzt müssen wir aber zuerst ins 2,5 km entfernte Hausen am Tann absteigen. Wir folgen mit der roten Raute zuerst weiter der Bergflanke, dann beginnt der Abstieg auf einem Waldpfad. Zuerst serpentinenartig, später auf einem kleinen Pfad, der uns schnurgerade durch den Bergwald auf die Wiesen vor dem Ort bringt.

Die nach ein paar hundert Metern angezeigte Wegalternative via Oberhausen ignorieren wir, halten uns rechts, um dann gleich darauf auf besagten kleinen Pfad nach links einzubiegen. Auf einem asphaltierten Feldweg gelangen wir ins Dorf. Via Kirchweg und Hohlgasse gelangen wir zur Kreuzung Dorfstraße/Oberstockstraße. Hier nach rechts, 100 m in die Oberstockstraße hineinwandern, dann nach links in die Hofstattgasse.

Gleich darauf müssen wir die erste Abzweigung nach rechts nehmen. Nach 150 m stoßen wir auf einen Spielplatz. Diesen lassen wir rechts liegen und wandern dann auf einem asphaltierten Weg über den Golfplatz bis zum Waldrand. Vorsicht! Am Waldrand nach links und auf einem geschotterten Weg geht es nach 200 m nach rechts in den Wald hinein. An einer Weggabelung wechselt das Wegzeichen zum roten Dreieck.

Ab hier beginnt auf einem 300 m langen, gratartigen Pfad der Steilanstieg zum Plettenberg (1002 m) hinauf – an den schwierigen Stellen auch mit Treppenstufen und Geländer abgesichert. Durch die lichten Kiefernwälder hat man immer wieder tolle Blicke auf Bergflanken, subalpine Vegetation und das Albplateau. Oben angekommen wandern wir am Trauf entlang. Rechts von uns wunderschöne Heidelandschaften. Nach einem guten Kilometer erreichen wir die urige Plettenberghütte, die uns zu einer längeren Pause einlädt.

So gestärkt, beginnen wir mit dem Abstieg nach Schömberg. Das rote Dreieck führt uns etwa 50 m eine asphaltierte Straße hinunter. Dann halten wir uns links und wandern einen Pfad hinab, der nach 300 m nach links verläuft. Weitere 300 m weiter gilt es sich zu konzentrieren: An der Weggabelung die rechte Alternative

Durch Wacholderheiden geht's den Schafberg zum Gespaltenen Fels hinauf.

wählen und dem blauen Dreieck folgen.

Der Pfad geht nach geraumer Zeit in einen befestigten Pfad über, der uns gleich darauf zur Schlichemtalsperre bringt. An der rechten Stauseeseite wandern wir nun nach Schömberg (676 m). Wer will, kann noch schnell ein kühlendes Bad nehmen und im Restaurant »Waldschenke« den »Fast«-Abschluss der Wanderung einläuten.

Wir wandern bis zum Ende des Stausees, dann nach links, 300 m dem Damm entlang, Richtung Stadt. Am Ende des Damms nach links unten wandern. Es geht auf einem Wegchen durch Grünanlagen. Nach 300 m stoßen wir dann auf die Schillerstraße. Hier sofort nach links in die Eisenbahnstraße einbiegen. Am Ende dieser Straße wiederum nach links in die Bahnhofstraße abbiegen.

Nach 200 m stehen wir dann vor dem Bahnhof. Wer will und Zeit hat, kann an der nächsten Bahnstation aussteigen und zum Abschluss das sehr interessante und in Bahnhofsnähe gelegene Dotternhausener Urzeitmuseum besuchen.

Tour 8 — Die Schwäbische Alb

Naturpark Obere Donau: In Beuron und um Beuron herum

*Beuron – Schloss Bronnen – Ziegelhütte bei Fridingen – Jägerhaus – Kloster Beuron – **Wanderheim Rauher Stein (SAV)** – Finstertal – Schloss Hausen – Reiftal – Neidingen – **Ebinger Haus (DAV)** in Hausen im Tal – Burg Wildenstein – Beuron*

Die spektakuläre Rundwanderung bietet in drei Tagen quasi ein Best-of-Programm des herrlichen Tales und führt auf der Höhe an Schlössern, Ruinen und Felsen vorbei, von denen wir immer wieder wunderbare und weite Ausblicke auf den Naturpark Obere Donau genießen können. Auch Höhlen und angrenzende, schmale Täler mit beeindruckenden Felsformationen sowie der Donautalwanderweg haben ihren Platz in dieser an der Donau auf- und abwärtsführenden Wandertour um das Kloster Beuron herum. Die Abtei ist zentraler Fixpunkt der Tour und lädt zum Abschluss zu einer Besichtigung ein.

- **Übernachtung:**
  *Wanderheim Rauher Stein des Schwäbischen Albvereins (bewirtschaftet),
  Rauher Stein 1, 78597 Irndorf,
  Telefon (0 74 66) 2 76,
  www.wanderheim-rauher-stein.de*

  *Ebinger Haus des Deutschen Alpenvereins (Selbstversorgung):
  Bergstraße, 88631 Beuron-Hausen im Tal, Telefon (0 75 79) 27 77,
  www.alpenverein-ebingen.de,
  Anmeldung: Sektion Ebingen,
  Telefon (0 74 31) 34 80.*

- **Streckenlänge:** *23 km (1. Tag), 22 km (2. Tag), 16 km (3. Tag).*

- **Zeit:** *7 Stunden (1. Tag), 7 Stunden (2. Tag), 5 Stunden (3. Tag).*

- **Karte:** *Freizeitkarte F 526 (Sigmaringen) im Maßstab 1:50 000.*

Die Schwäbische Alb — Tour 8

Herausgegeben vom Landesamt für Geoinformation und Landentwicklung Baden-Württemberg.

■ **Anschlusshütte/Tourverlängerung ab Ebinger Haus des Deutschen Alpenvereins:** Nusplinger Hütte des Schwäbischen Albvereins, Nusplingen.

■ **Öffentliche Verkehrsmittel:** Anfahrt/Abfahrt: mit der Bahn bis bzw. von Beuron.
LöwenLine **(0 18 05) 77 99 66***
Ihre Fahrplanauskunft im Land. 24 Stunden die besten Bus- und Bahnverbindungen erfahren.
*(0,14 €/Min. aus dem dt. Festnetz; höchstens 0,42 €/Min. aus Mobilnetzen)

1. Tag: Von Beuron zum Wanderheim Rauher Stein

Die Wanderung beginnt in Beuron am Bahnhof. Wir wenden uns nach links und können kurz darauf links die Treppen des Augustinerwegs emporsteigen. Wir überqueren die Brücke über die Gleise und folgen der Straße etwa 300 m, bevor uns der hier geschotterte Schwäbische-Alb-Südrandweg (HW 2, rotes Dreieck) halbrechts in den Wald bringt. Der Weg führt eben entlang eines Kreuzweges an der Lourdesgrotte vorbei durch das beschauliche Liebfrauental.

Jetzt ist der grün-blaue Kreis als Zeichen für den Donauberglandweg unser Begleiter, bis wir hinter der Ziegelhütte in 9 km Entfernung die Donau überqueren. Der Weg ist gut markiert, so dass wir eine gute Orientierungsmöglichkeit haben. Wir erreichen nach 1 km die Bronner Wiese und erkennen vor uns das Schloss Bronnen. Unterhalb des Schlosses folgen wir dem Wegweiser nach rechts. Der nun steinerne Weg führt an mehreren Höhlen entlang. Direkt hinter der größten, der Jägerhaushöhle (671 m), steigen wir links einen schmalen Pfad hinauf.

An emporragenden Felsen vorbei erreichen wir nach 300 m Schloss Bronnen. Wir wandern weiterhin

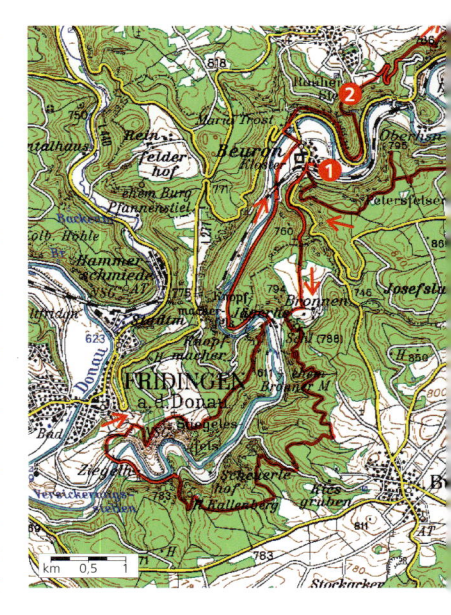

105

auf dem Donauberglandweg eben durch den Wald. Immer wieder haben wir tolle Ausblicke ins Donautal. Am Feldrand biegen wir nach rechts ab und folgen gleich darauf dem Wegzeichen wieder rechts auf dem schmalen Weg durch den Mischwald bergab. Wir überqueren im Bachtal eine Schotterstraße und wandern gleich rechts den schmalen Pfad, der sich in Serpentinen am Hang entlangzieht, bergauf.

Oben stoßen wir auf einen breiteren Fuhrweg, dem wir rechts vor zu einem Rastplatz mit herrlichem Ausblick ins Donautal und auf Schloss Bronnen folgen. Der Wegweiser schickt uns den breiten Fuhrweg aufwärts. Nach weiteren 2 km auf schmalen Waldwegen erreichen wir die Burgruine Kallenberg, die 100 m abseits des Donauberglandweges liegt. Der Aufstieg über Treppen wird mit weiten Blicken über den Naturpark Obere Donau belohnt.

Zurück zur Abzweigung zur Burgruine führt uns ein schmaler Weg bergab. Wir folgen dem Wegweiser das Wolfental hinab zur Ziegelhütte, die in 1,5 km Entfernung direkt am Donautalwanderweg liegt und zu einer gemütlichen Rast einlädt. Kurz hinter der Ziegelhütte überqueren wir die Donau und folgen dem geteerten Weg bis zum Waldrand. Der Donauberglandweg führt uns wieder bergauf am Waldrand entlang in Richtung Laibfelsen.

Beim Schilderstandort »Am Antoni« (692 m) müssen wir aufpassen. Wir wandern nicht die kleine Skipiste empor, sondern folgen dem Donauberglandweg (grün-blauer Kreis), einem schmalen Pfad, rechts in den Wald hinein. Nach 500 m erreichen wir den Laibfelsen, einen Aussichtsfelsen, der weite Blicke über den Naturpark Obere Donau ermöglicht.

An einer Kapelle vorbei erreichen wir den nächsten Aussichtsfelsen, den Stiegelesfels (778 m). Wir gehen 500 m am Waldrand entlang und erreichen den Markierungspunkt »Otterntäle« (769 m). Hier verlassen wir den Donauberglandweg und wandern in Richtung Sperberloch und Jägerhaussteg halbrechts in den

Der schmale, waldige Weg durch das Wolfental führt an hohen Felsen vorbei.

Über den Jägersteig erreicht man das andere Ufer der Donau.

Wald hinein. Dieser Weg ist nun markiert mit einer roten Gabel.

Der Weg führt abwärts durch den Wald, bis wir nach 700 m rechts des Weges den Bettelmannsfels, einen weiteren Aussichtsfelsen, erreichen. Schräg gegenüber auf einem Felsen thront das Schloss Bronnen. Nach weiteren 700 m abwärts verlaufendem Waldpfad erreichen wir das Naturdenkmal »Höhle Sperberloch«, eine etwa 30 m tiefe Höhle mit zwei Räumen und Ansätzen von Tropfsteinen. Auf dem abwärts verlaufenden Pfad erreichen wir nach weiteren 300 m die Donau.

Über den Jägersteig wechseln wir auf die andere Flussseite. Das Jägerhaus lädt zu einer Rast. Wir wenden uns nach links und wandern den Donautalwander- und -radweg an einem Jugendzeltlagerplatz vorbei in Richtung Beuron. Beim Schilderstandort »Donau« (608 m) folgen wir dem Wegweiser geradeaus an der Donau entlang in Richtung Kloster Beuron bzw. Rauher Stein. Der Weg führt unter einer Eisenbahnbrücke hindurch und an Feldern entlang. Rechts erhebt sich die Erzabtei Sankt Martin zu Beuron, das heutige Benediktinerkloster.

> Die Geschichte des Klosters Beuron beginnt 1077 mit der Gründung als Augustiner-Chorherrenstift. Nach der Säkularisation im Jahr 1803 ging das gesamte Territorium in den Besitz des Fürstenhauses Hohenzollern-Sigmaringen über. Die Erzabtei Sankt Martin wurde 1863 als Benediktinerkloster neu besiedelt. Heute wird die Gastfreundschaft in der Abtei Beuron besonders gepflegt. Es gibt ein umfangreiches Angebot an Veranstaltungen, Seminaren und Besinnungstagen. Unter www.erzabtei-beuron.de erhält man nähere Informationen.

An der Klostermauer entlang erreichen wir den Klosterparkplatz und wenden uns nach links. Bis zum Wanderheim »Rauher Stein« folgen wir nun dem Donau-Zollernalb-Weg mit dem uns bekannten grün-blauen Kreis als Zeichen. Wir überqueren die Donau über die historische Holzbrücke. Auf der anderen Seite der Sigmaringer Straße führt der Weg rechts hoch am Gasthaus »Maria Trost« vorbei in den Wald.

Der schmale Waldpfad zieht 1,5 km eben im Bogen oberhalb der Straße entlang, bevor wir das Hirschental erreichen und den Schlussanstieg durch das schmale Tal zum Wanderheim »Rauher Stein« des Albvereins in Angriff nehmen können. Dieses gemütliche Wanderheim liegt oberhalb des Donautals auf 790 m Höhe. Vom Aussichtspunkt kann man seine Blicke über das geschwungene Donautal und auf Burg Wildenstein links gegenüber schweifen lassen.

2. Tag: Vom Wanderheim Rauher Stein zum Ebinger Haus in Hausen im Tal

Nun wandern wir in östlicher Richtung auf dem Schwäbischen-Alb-Südrandweg (HW 2, rotes Dreieck). Am Waldrand auf der Höhe bleibend kommen wir am Irndorfer Felsengarten und dem Eichfelsen (786 m) vorbei. Wir folgen der Langenbrunner Straße in Serpentinen nach unten bis zur Abzweigung ins Finstertal (620 m), in das wir nach links abbiegen. Das grüne und schattige Tal, das rechts und links von Felsen gesäumt ist, steigt 3 km lang sanft an und endet an einem Rastplatz bei einer Wiese.

Jetzt wenden wir uns nach rechts und wandern den schmalen Waldweg, der mit den Nummern 2, 3 und 4 gekennzeichnet ist, nach oben. An den nächsten drei Kreuzungen halten wir uns jeweils rechts und wandern parallel zum Finstertal auf einem breiten Fuhrweg. Der Weg ist mit einer roten Gabel markiert.

Wir folgen dem Hauptweg, der in Kurven leicht abwärts führt. Nach einem 700 m langen geraden Wegverlauf an einem Hochsitz vorbei biegen wir rechts ab und verlassen den Wald, ehe wir nach weiteren 600 m den ge-

Die Schwäbische Alb   Tour 8

Mächtig thront das Schloss Werenwag über dem Donautal.

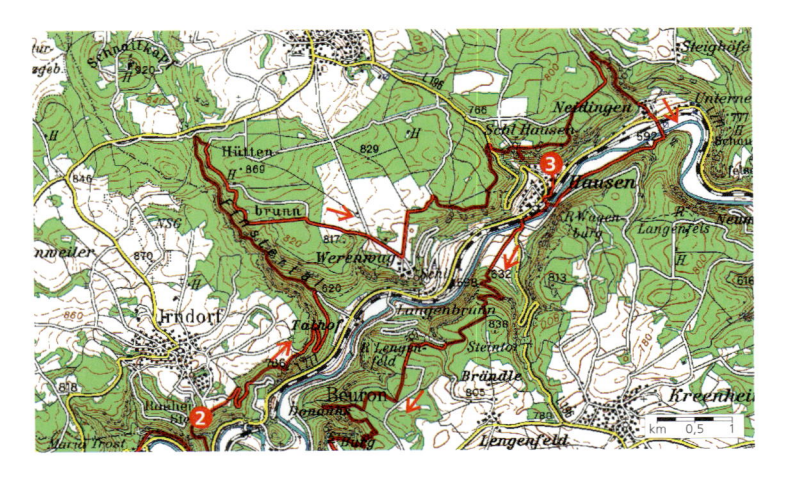

Das Ebinger Haus des Alpenvereins liegt am Fuß eines mächtigen Kletterfelsens.

schotterten Rad- und Wanderweg in Richtung Schloss Werenwag nach rechts nehmen.

An der nächsten Kreuzung erreichen wir wieder den Schwäbischen-Alb-Südrandweg (HW 2, rotes Dreieck) und folgen ihm scharf nach links in Richtung Ruine Schloss Hausen. Der HW 2 führt uns über Felder und am Waldrand entlang, bis er nach 1 km als schmaler Waldpfad scharf rechts abbiegt. Wir kommen an zwei Aussichtspunkten auf dem Glasträgerfelsen vorbei, von denen aus das in Privatbesitz befindliche Schloss Werenwag mit seiner markanten Architektur bewundert werden kann.

Nach 200 m folgen wir dem breiten Waldweg nach rechts, ehe wieder rechts ein schmaler Pfad abwärts zur Schwenninger Straße (L 196) führt, die wir überqueren. Nun steigt der Pfad an, führt an zwei Privatgrundstücken vorbei und wir erreichen die Abzweigung zur Ruine Hausen, die einen kleinen Abstecher lohnt.

Schloss Hausen im Tal wurde im 11. Jahrhundert als Burg erbaut. Nach mehreren Um- und Erweiterungsbauten in den folgenden Jahrhunderten wurde es im Jahr 1813 abgebrochen. Die ursprüngliche Gesamtanlage setzte sich zusammen aus Kernburg, Palas, Bergfried, Zugbrücke und Vorwerk, einer steinernen Bogenbrücke, einem Wartturm sowie einem inneren und äußeren Schlossgarten. Heute sind nur noch eine Giebelwand und ein Teil des Schlossgartens erhalten.

Über eine schmale Holzbrücke erreichen wir die Reste des Schlosses, das auf einem vorgelagerten Felsen über Hausen im Tal thronte. Leider steht nur noch eine Mauer, dafür ist die Aussicht, die bis zum markanten Schaufelsen im Osten, dem größten Felsen im Naturpark Obere Donau, reicht, überwältigend. Zurück zur Abzweigung des HW 2, folgen wir diesem nach rechts am Korneliusfels mit ehemaligem Turm vorbei durch den Wald, bis wir die Abzweigung Reiftal (740 m) erreichen.

Hier wechseln wir auf den schon bekannten Donau-Zollernalb-Weg (grün-blauer Kreis) und wandern das anfangs breite, später sehr schmale Reiftal in Richtung Neidingen bzw. Hausen im Tal hinab. An bizarren Felsen vorbei führt der schmale, schattige Steig über Treppen hinab nach Neidingen, wo sich der herrliche Schaufelsen zu unserer Linken erhebt.

Wir folgen der Asphaltstraße hinab, überqueren die Hauptstraße und die Gleise und biegen im Donautal nach rechts in Richtung Hausen im Tal ab. Zwischen Zugstrecke und Donau verläuft der Weg bis zum Campingplatz in Hausen im Tal. Wir biegen nach rechts ab durch die Unterführung und erreichen die Hauptstraße. Nun noch 100 m nach rechts und die Bergstraße links bis zum Ende empor zum Ebinger Haus des Deutschen Alpenvereins.

Eine Alternative zum Ebinger Haus (etwa 3 km entfernt, auf der Albhochfläche) bietet das Naturfreundehaus Donautal.

3. Tag: *Vom Ebinger Haus nach Beuron*

Wir wandern zurück zum Campingplatz und wenden uns nach rechts. Der Pfad führt uns weiter zwischen Bahnstrecke und Donau bis zur Brücke der L 196, die wir überqueren. Wir halten uns rechts an einer Kanu-Einstiegsstelle vorbei in Richtung Bischofsfelsen. Das Orientierungszeichen bis dorthin ist eine rote Raute. Der Weg führt geradeaus über Felder, ehe wir nach 600 m in den Wald kommen. Wir folgen dem Waldweg, der bald schmaler wird, in Serpentinen den Berg hinauf. Rechts sehen wir einen Bauwagen eines Waldkindergartens.

Nach einem Aufstieg von knapp 200 Höhenmetern erreichen wir den Aussichtspunkt Bischofsfelsen (815 m). Direkt gegenüber erkennen wir wieder das Schloss Werenwag. Zurück auf dem Wanderweg, stoßen wir nach 300 m an einer Kreuzung wieder auf den gut markierten Donau-Zollernalb-Weg (grün-blauer Kreis), auf dem wir bis zur Burg Wildenstein in etwa 5 km Entfernung wandern.

Der Weg führt leicht abfallend durch den Wald und über Lichtungen bis zum Hohlen Fels in 1,1 km Entfernung. Links von diesem Aussichtspunkt auf dem hervorstehen-

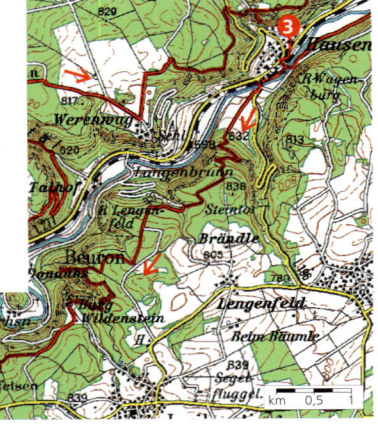

Vom Bandfelsen hat man einen schönen Blick auf die zur Jugendherberge umgebaute Burg Wildenstein.

den Fels befand sich früher die Burg Lengenfeld, von der nicht mehr viel zu sehen ist.

Weiterhin auf dem Donau-Zollernalb-Weg erreichen wir auf schattigen Waldwegen in 2 km Entfernung den Bandfelsen (818 m), der 200 m abseits des Weges mit fantastischen Blicken auf Irndorf, Burg Wildenstein und die gesamte Obere Donau aufwarten kann. Bänke laden zu einer gemütlichen Rast. Zurück auf dem Wanderweg, gehen wir nach rechts und wandern in Serpentinen ab- und wieder aufwärts durch den Leibertinger Tobel.

An einem Walderlebnispfad vorbei erreichen wir die als Jugendherberge genutzte Burg Wildenstein (810 m). Wir gehen links über die Wiese an den Spielfeldern vorbei zum Eingang der Jugendherberge und auf der geteerten Zufahrtsstraße vor zum Wanderparkplatz. Hier wandern wir nach rechts in Richtung Alpenblick. Nach 200 m teilt sich der Weg und wir nehmen den linken Waldweg. Dies ist jetzt wieder der Schwäbische-Alb-Südrandweg (HW 2, rotes Dreieck), dem wir bis nach Beuron folgen.

Vorbei an einem Brunnen und einem Kohlenmeiler weist nach

Die Schwäbische Alb — Tour 8

1,2 km ein Schild nach rechts zum Altstadtfelsen (795 m). Auch diesen herrlichen Ausblick über Beuron gönnen wir uns und wandern die 300 m vor zur Felskante. Zurück auf dem Wanderweg kommen wir noch am Jäger-Ausblick und dem ehemaligen Steighof vorbei, ehe wir den letzten Aussichtspunkt, den Alpenblick (796 m), erreichen. An wenigen Tagen im Jahr ist tatsächlich ein Blick bis zu den schneebedeckten Westalpen möglich. Im Vordergrund erkennen wir wieder Schloss Bronnen, eines unserer ersten Ziele am ersten Wandertag.

Auf schmalem Wanderpfad geht es in Serpentinen hinab nach Beuron. An der Villa Hubertus stoßen wir wieder auf die Straße. Direkt nach der Brücke über die Gleise gehen wir rechts den Augustinerweg hinunter und sehen rechter Hand das ehemalige Bahnhofsgebäude, jetzt das Haus der Natur Obere Donau.

Die Donau, die durch den Zusammenfluss der beiden Flüsse Brigach und Breg bei Donaueschingen entsteht und mit 2857 km Länge der zweitlängste Fluss Europas ist, hat sich ihren Weg durch die Schwäbische Alb »gegraben« und dabei diese einmalige Landschaft im Naturpark »Obere Donau« geschaffen, die auch »schwäbischer Canyon« genannt wird.

Nähere Informationen über den Naturpark finden Sie im Haus der Natur Obere Donau, Wolterstraße 16, 88631 Beuron, www.naturpark-obere-donau.de

Vom Altstadtfelsen haben wir nochmals einen tollen Blick auf das Kloster Beuron.

Der Schönbuch

Der Naturpark Schönbuch liegt genau in der Mitte Baden-Württembergs, nämlich im Speckgürtel zwischen Stuttgart, Böblingen und Tübingen, und wird im Süden vom Neckartal, im Osten von den Fildern, im Westen vom Herrenberger Gäu und im Norden vom Siebenmühlental begrenzt. Bewegt man sich von den Fildern auf den Park zu, so steigt er sanft an, um dann im Süden zum Neckar hin teilweise steil abzufallen. Höchste Erhebung ist der Bromberg mit 583 m.

Geologie

Der Schönbuch, zwischen Schwäbischer Alb und östlichem Schwarzwald gelegen, ist eine Keuperlandschaft, die einen hohen Sandsteinanteil (genauer: Stubensandstein) aufzuweisen hat, der vor allem an dem steil abfallenden Trauf im Südwesten gut erkennbar ist. Die im Lauf von Jahrmillionen ablaufenden Erosions- und Ablagerungsprozesse haben so eine heterogene Keuperlandschaft geformt, die einerseits sanfte Kuppen und Wiesenlandschaften aus weicherem Ton und Mergel aufzuweisen hat, andererseits tiefe Täler und steil abfallende Hänge, die vom härteren Sandstein dominiert sind. Der Schönbucher Sandstein wurde an so berühmten Gebäuden wie dem Ulmer Münster, Schloss Neuschwanstein oder dem Kölner Dom verbaut.

Geschichte

Die Geschichte des Schönbuchs war und ist schon immer mit der Nutzung seiner wirtschaftlichen Ressourcen, nämlich dem Wald und dem darin lebenden Wild, eng verbunden.

Schützte ihn in der Jungsteinzeit noch die Furcht und der Aberglaube der Menschen vor seinem undurchdringlich erscheinenden Urwald, so wurde er spätestens ab der Hallstattzeit (etwa 700 v. Chr.) und in den folgenden Jahrhunderten zur Deckung des Holzbedarfes (Köhlerei, Weidewirtschaft, Bauholz) mehrfach gerodet und wieder aufgeforstet. Alle nutzten ihn und lebten mit und in ihm – die Kelten, die Römer und die Alemannen.

Um den Schönbuch als Jagdgebiet zu erhalten, wurden Ende des 16. Jahrhunderts unter Herzog Christoph so etwas wie nachhaltige Forstgesetze erlassen. So durften Häuser z. B. nicht mehr vollständig aus Holz errichtet werden. Das für die adlige Jagd geschonte Wild schadete allerdings weiterhin vor allem dem Jungwald durch starken Wildverbiss.

Erst nach Abschaffung des Jagdprivilegs 1849 und einer wirklich nachhaltigen Nutzung in den folgenden Jahrzehnten erholte sich der Wald so weit, dass aus dem Schönbuch das größte geschlossene Waldgebiet im mittleren Neckarraum wurde. Seit 1972 führt das 156 Quadratkilometer große Gebiet die Bezeichnung »Naturpark« und gilt als Baden-Württembergs erster und als zweitkleinster Naturpark Deutschlands.

Klima, Fauna und Flora

Die Flora und Fauna des Naturparks Schönbuch ist vielfältig und abwechslungsreich. An den Rändern des Parks dominieren alte Streuobstwiesen das Erscheinungsbild. Für Pilzsammler ist das Parkinnere mit seinen geschlossenen Waldflächen ein Eldorado. Nadelbäume machen immer noch über 50 Prozent des Baumbestands im Naturpark aus.

Allerdings haben die schlechten Erfahrungen mit diesen flach wurzelnden Bäumen während der diversen Orkane und Stürme zu einem Umdenken geführt. Längerfristiges forstwirtschaftliches Ziel ist es nun, den Anteil der Laubbaumarten auf etwa 60 Prozent zu erhöhen. Vor allem an die Buche (als Namenspatron des Parks) und die Eiche wird dabei gedacht.

Der Schönbuch gilt als wichtiges Rast- und Ruhegebiet für viele Vogelarten auf ihrem Winterzug gen Süden. Die Streuobstwiesen und die durch die Orkane entstandenen freien Wurfflächen bieten vielen bedrohten Insektenarten eine Heimat. Etliche Libellenarten weisen übrigens auf die Sauberkeit der Fließgewässer hin. Über zehn verschiedene Fledermausarten sind im Naturpark beheimatet.

Um vor allem die jungen Bäume vor Verbiss zu schützen, ist ein Großteil des Rotwildes in einem Gehege untergebracht. Dem renitenteren Schwarzwild sind solche künstlichen Barrieren eher egal. Es wandert im gesamten Naturpark umher und richtet mitunter nicht unbeträchtliche Schäden in der Landwirtschaft an.

Naturpark Schönbuch: Durch das Jagdrevier des Königs

*Tübingen – Wurmlinger Kapelle – Schloss Hohenentringen – Grafenberg – **NFH Schönbuch** – Tal der Lindach – Eselstritt – Birkensee – **Weiler Hütte** – Teufelsbrücke – Kloster Bebenhausen – Heuberger Tor – Tübingen*

Während der Tour erkunden wir die Höhepunkte des kleinsten, dafür ältesten Naturparks Baden-Württembergs. Am ersten Tag erreichen wir über den Tübinger Schlossberg die Wurmlinger Kapelle. Von dort wandern wir durch Streuobstwiesen und Weinberge in den Naturpark Schönbuch hinein. Immer wieder bieten sich Ausblicke auf Alb und Gäu. Der zweite Tag steht im Zeichen der abwechslungsreichen Landschaft des Naturparks. Liebliche Bachtäler und Wiesen wechseln sich mit skandinavisch anmutenden Mooren und Wäldern ab. Am dritten Tag widmen wir uns der Klosteranlage in Bebenhausen und der altehrwürdigen Universitätsstadt Tübingen, wo wir in einer der urigen Wirtschaften Abschluss feiern können. Die Wege dorthin sind erneut von weiten Ausblicken auf die Alb und schöner Natur geprägt.

- **Übernachtung:**
  *Naturfreundehaus Am Schönbuch (bewirtschaftet):
  Hildrizhauser Straße 103,
  71083 Herrenberg,
  Telefon (0 70 32) 2 14 75,
  www.naturfreundehaus-herrenberg.de, bzw.
  www.restaurant-am-schönbuch.de*

  *Weiler Hütte (bewirtschaftet):
  Tübinger Straße 100,
  71093 Weil im Schönbuch,
  Telefon (0 71 57) 6 12 70,
  www.weiler-huette.de*

- **Streckenlänge:** *26 km (1. Tag, ab Unterjesingen 19 km), 20 km (2. Tag), 20 km (3. Tag).*

Der Schönbuch   Tour 9

- **Zeit:** 6½ Stunden (1. Tag, ab Unterjesingen 5 Stunden), 7 Stunden (2. Tag), 6 Stunden (3. Tag).

- **Karte:** Wanderkarte des Schwäbischen Albvereins (Blatt 18) im Maßstab 1 : 35 000. Herausgegeben vom Landesamt für Geoinformation und Landentwicklung Baden-Württemberg.

- **Anschlusshütte/Tourverlängerung ab Weiler Hütte:** Naturfreundehaus Im Eschelbachtal, Holzgerlingen.

- **Öffentlicher Nahverkehr:**
  Anfahrt: mit der Bahn bis Tübingen bzw. Unterjesingen. Abfahrt: mit der Bahn ab Tübingen.
  LöwenLine **(0 18 05) 77 99 66***
  Ihre Fahrplanauskunft im Land. 24 Stunden die besten Bus- und Bahnverbindungen erfahren.
  *(0,14 €/Min. aus dem dt. Festnetz; höchstens 0,42 €/Min. aus Mobilnetzen)

1. Tag: *Von Tübingen zum NFH »Am Schönbuch«*

Unsere Tour beginnt vor dem Tübinger Hauptbahnhof. Wer die erste Tagesetappe abkürzen möchte, fährt einfach eine Station, nach Unterjesingen, weiter. Wir wenden uns nach rechts und folgen der Straße »Europaplatz« etwa 250 m weit, bis wir auf die Karlstraße treffen. Hier nach links wandern, bis wir auf die Eberhardsbrücke treffen. Linker Hand nun das bekannteste Tübinger Fotomotiv: der Neckar, die Stocherkähne, die müßiggängerischen Studenten auf der Ufermauer und dahinter die Altstadt.

Wir überqueren die Brücke und müssen bei dem italienischen Restaurant (erstes Haus nach der Brücke) sofort nach links eine kleine Treppe hinunter, die uns zur Ufermauer und zur Kahnanlegestelle bringt. Der Mauer folgen wir 100 m, bevor es an einem weiteren Restaurant nach rechts abgeht. Wir stoßen auf die Bursagasse. Hier nach links und deren Verlauf bergan folgen. Die Bursagasse geht in die Gasse »Klosterberg« über, welche nach 100 m auf die Neckarhalde stößt. Hier rechts halten.

Nach wenigen Metern treffen wir linker Hand beim Hotel »Hospiz« auf die Burgsteige, die uns zum Tübinger Schloss hinaufbringt. Das Schloss ist ab 7 Uhr für Touristen und Studenten geöffnet (es finden hier Vorlesungen statt). Wir müssen nun in den Schlosshof hineinwandern. Eine kurze Pause für eine kleine Besichtigung lohnt sich. Durch einen kleinen Durchgang im Westflügel können wir die Burg verlassen und befinden uns gleich darauf hinter dem Schloss bei der Schlossmauer bzw. dem Burggraben.

117

Hier treffen wir auf vier Wegzeichen – das blaue N (Neckarsteig), die Jakobsmuschel, den rot unterstrichenen grünen Baum des Main-Neckar-Rhein-Weges und auf ein weiteres Pilgerzeichen, das gelbe Kreuz auf rotem Grund. Die kommenden Kilometer orientieren wir uns am rot unterstrichenen grünen Baum.

Wir folgen nun der Schlossbergstraße nach Westen und passieren etliche hochherrschaftliche Verbindungshäuser. Nach 600 m zweigt nach links der Lichtenberger Weg ab. Dessen Verlauf folgen wir. Parallel zum Weg verläuft links im Wald der Wanderpfad. Immer wieder laden kleine Aussichtsplätze zum Blick auf die sogenannte »Blaue Mauer« ein, die Schwäbische Alb, die sich im Süden erhebt.

Nach 600 m ein größerer Aussichtsplatz und ein Parkplatz. Der Lichtenberger Weg führt nun an idyllisch gelegenen Hanggärten vorbei. Nach 200 m kann man nach rechts einen kleinen Abstecher zum Bismarckturm unternehmen. Weitere 300 m später treffen wir wieder auf Häuser und den von rechts unten kommenden Burgholzweg. Wir folgen unserem Wegzeichen in den Wald hinein. Nach 100 m rechts halten. Der geschotterte Waldweg führt uns nun durch herrlich duftenden Mischwald. Nach 1 km treffen wir auf eine größere Wegkreuzung. Geradeaus weiter.

Ab hier folgen wir dem blauen Jakobsmuschel-Pilgerzeichen, welches

Streuobstwiesen und Weinhänge säumen unseren Weg zum Schloss Roseck.

uns auf einem 1 km langen Pfad durch den Wald direkt zur Wegspinne unterhalb der Wurmlinger Kapelle/Sankt-Remigius-Kapelle (475 m) bringt. Wer möchte, kann die Wallfahrtskapelle besuchen, ansonsten wenden wir uns nach rechts und wandern auf offenem Gelände nach Unterjesingen (346 m) hinunter. Das rote Kreuz als neues Wegzeichen ist hierbei unser Begleiter.

Kurz vor dem Ort verläuft unser Weg parallel zur Straße L 372. Wir überqueren das Flüsschen Ammer und wandern auf der Rottenburger Straße in den Ort hinein. Dann queren wir die Schienen. Wer sich für die kurze Tagesetappe entschieden hat, stößt nun aus der von rechts kommenden Ammertalbahnstraße hier zu uns dazu.

Nach 100 m treffen wir auf die Jesinger Hauptstraße. Dieser folgen wir nach links, ohne Wegzeichen, etwa 200 m weit. Nach der historischen Kirche wandern wir die Straße »Kirchhalde« nach rechts hinauf. An der Kreuzung »Am Bayleberg/Spielbergstraße« finden wir auch wieder das rote Kreuz, das uns weiter aus dem Ort hinausführt.

Rund 200 m hinter dem Friedhof weist das rote Kreuz uns nach links; auf einem kleinen Feldweg wandern wir durch Streuobstwiesen. Nach 400 m treffen wir wieder auf den asphaltierten Fahrradweg. Gleich

Unterhalb des »Kaiserwirts Bergle« breitet sich die Gäulandschaft aus.

darauf müssen wir aber dem Wegzeichen nach rechts folgen. Wir stehen nun links von einem kleinen Bach und unterhalb des Schlosses Roseck mit seinen Weinbergen und Wiesen. Durch diese führt uns ein Pfad hinauf, vor die Tore des Schlosses, von wo aus sich ein Blick übers Ammertal bietet.

Unterhalb des Schlosses, am Sommerausschank vorbei, wandern wir nun zu den ehemaligen, außerhalb liegenden Stallungen des Schlosses, welche heute einen Reiterhof beherbergen. Wir wandern durch diese hindurch und in den Wald hinein. Ein geschotterter Waldweg (Fahrradweg) bringt uns gut beschildert zum 2 km entfernten Schloss Hohenentringen (510 m), wo uns erneut ein Ausschank mit tollem Ausblick auf das Gäu im Schlosshof erwartet.

Hier wechselt das Wegzeichen. Unser Begleiter ist nun der rote Querstrich des HW 5. Wir verlassen das Schloss und wenden uns nach links. Ein asphaltierter Weg (Fahrradweg) führt am Friedwald vorbei und dann in den Wald. Nach 300 m folgen wir einem Pfad tiefer in den Wald hinein und stoßen gleich darauf wieder auf den markierten Fahrradweg, der nun aus dem Wald hauszieht und auf die Entringer Sportanlagen und eine größere Wegkreuzung zuführt.

Wir überqueren diese Wegkreuzung und haben ab nun den Weg wieder für uns (ohne Fahrradfahrer).

Der rote Strich führt nun 1 km bergan (Pfaffenberg), vorbei an herrlich duftenden Terrassengärten, Kiefern und Aussichtspunkten. Vom Schönbuchspitz (546 m) haben wir einen besonders schönen Ausblick auf die Gäulandschaft und die Alb. Dann wandern wir wieder im Wald. Nach 1,5 km quert unser Pfad einen Wald-/Fahrradweg. Und gleich darauf nochmals. Hier verlassen wir nun unseren Pfad und folgen dem Fahrradweg, der bereits nach 400 m auch wieder als Wanderweg ausgezeichnet ist.

Die Ruine Müneck lassen wir dabei links liegen, da nur noch sehr spärliche Reste anzutreffen sind. Nach weiteren 400 m wenden wir uns nach links und folgen dem Verlauf des sogenannten Kayher Sträßles fast schnurgerade etwa 2 km durch den Wald, bis wir auf einen Wanderparkplatz stoßen. Ab hier wird der Weg wieder zum Pfad und führt nun am Trauf des Schönbuchs zu den kurz aufeinanderfolgenden Aussichtspunkten Grafenberg (550 m) und Kaiserwirts Bergle, wobei zum letztgenannten ein kleiner Stich zu gehen ist.

Von den Aussichtspunkten steuern wir dann das Schützenheim von Mönchberg an. Ein geschotterter, später asphaltierter Waldweg bringt uns zum Parkplatz »Steigplatz«. Auf der gegenüberliegenden Straßenseite geht es weiter. Die kurz darauf nach rechts verlaufende Wegabzweigung (blaues Kreuz) ignorieren wir und folgen stur unserem roten Querstrich, der sich wieder am Traufverlauf orientiert.

Nach knapp 2 km wird der Pfad zum Weg und bringt uns gleich darauf, links am Herrenberger Waldfriedhof vorbei, zur Hildrizhauser Straße/L 1184. Diese überqueren wir und stehen nun direkt vor unserem heutigen Etappenziel, dem Naturfreundehaus »Am Schönbuch«.

2. Tag: *Vom NFH »Am Schönbuch« zur Weiler Hütte*

Wir verlassen das Wanderheim und wandern das rechts von unserer Unterkunft verlaufende Sträßchen zirka 200 m hinunter. Dann geht rechts ein Pfad in den Wald ab. Ab hier ist der rote Querstrich wieder unser Wegzeichen. Der folgende Kilometer schlängelt sich jetzt in Hanglage parallel zu einem Bach durch ein Tal. Es wird steinig, wurzelig und eng. Nach besagtem Kilometer treffen wir am Naturdenkmal »Kalter Brunnen« auf einen Waldweg. Unser Wegzeichen bringt uns gleich darauf zur L 1184 hinunter. Die Straße müssen wir überqueren; 150 m weiter treffen wir auf den Wanderparkplatz »Breiter Stein«.

Auf der geschotterten Straße wandern wir geradeaus in den Wald hinein. Nach 400 m treffen wir auf eine Kreuzung. Den markierten Wanderweg ignorieren wir und wandern auf dem sogenannten »Streitweg« geradeaus und ohne Wegzeichen weiter. Nach 500 m wieder eine Kreuzung: Hier geradeaus weiter, etwa 800 Meter. Dann beschreibt unser Weg eine scharfe Linkskurve. Nun geradeaus weiter, bevor der Verlauf nach 250 m links geht. Nach 150 m dann erneut eine Kreuzung: Hier scharf nach rechts.

Der Waldweg bringt uns nach 500 m hinunter ins wunderbare Tal der Lindach. Unser geschot-

Bohlenweg durch eine menschgemachte »Urlandschaft«: der verlandete Birkensee.

Der Schönbuch Tour 9

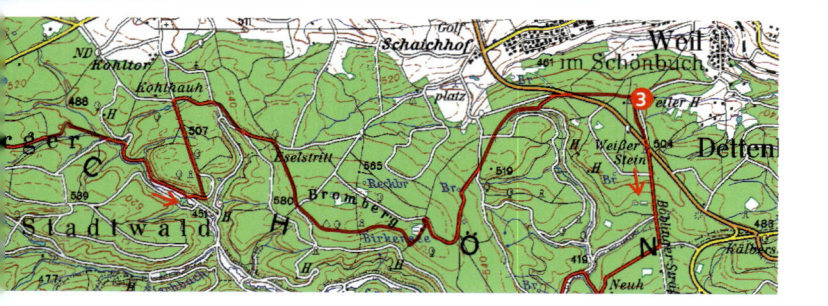

terter Weg verläuft nun entlang schöner Wiesen- und Bachtal-Landschaften. Nach 1 km zweigt ein Forstweg nach links ab. Nun treffen wir auf unser nächstes Wanderzeichen, den blauen Punkt. Es geht kurz steil bergan, dann einen guten Kilometer schurgerade durch den Wald.

Dann treffen wir auf den Kohlweiher. Eine Pause bietet sich an. Gleich beim Weiher befindet sich auch eine große Wegkreuzung. Hier müssen wir nach rechts und dem geschotterten Weg durch frisch gerodeten und nachwachsenden Wald folgen. Abzweigungen nach rechts und links ignorieren wir. Nach 1 km treffen wir bei der Gabeleiche (552 m) auf eine Weggabelung. Kurz geradeaus weiter und gleich darauf haben wir den Eselstritt rechter Hand erreicht.

Nun müssen wir durch das Wildgehegetor (bitte wieder sorgfältig schließen) treten. Von hier sind es noch knapp 3 km bis zum Birkensee – ohne offizielles Wegzeichen. Es geht zunächst auf einem Waldweg gemächlich bergan, bevor uns unsere Route nach einer Kreuzung am Trauf entlang (vorbei an der Schinderbuche) bis zur Abzweigung zum See bringt (hier nach links), der auf dem »Gipfel« des Brombergs (582 m) liegt.

Zuerst über moorige Pfade, dann über einen Bohlenweg erreichen wir den vermeintlich »urzeitlichen« See, der eigentlich eher ein Tümpel ist, da er zunehmend verlandet. Interessant ist die skandinavisch anmutende Moorlandschaft um das Gewässer.

Der zunehmend verlandende und nur wenige Quadratmeter große Birkensee liegt auf dem höchsten Punkt des Naturparks und entstand erst Anfang des 19. Jahrhunderts durch Verschluss/Abdichtung tiefer liegender Gesteinsschichten eines ehemaligen Steinbruches (Plateauvermoorung). Durch Entwässerungsgräben begann der See Anfang des 20. Jahrhunderts wieder auszutrocknen. Gegenmaßnahmen wie Zuschüttung der Entwässerungsgräben in den 70er Jahren des vorigen Jahrhunderts führten wieder zu einer Vernässung und Vermoorung.

Auf moorigen Pfaden verlassen wir das Naturschutzgebiet und treffen nach 150 m wieder auf einen geschotterten Waldweg. Hier nun nach rechts. Wir folgen dem Verlauf dieses Forstweges 500 m leicht bergab. Bei einer Linkskurve eine Kreuzung und ein Baum mit der Bezeichnung Brombergebenestraße. Wir folgen dem Verlauf der Kurve. Es geht weiter leicht bergab. Unterwegs passieren wir ein rechts liegendes Grundstück der Wasserverwaltung.

Dann treffen wir auf eine Wegspinne. Hier nicht nach links, rechts oder scharf rechts, sondern den schmalen Waldweg geradeaus nehmen, der unmarkiert ist. Dessen Verlauf folgen wir 1 km (nach 500 m an der Kreuzung geradeaus weiter), bevor der Weg in einer Kurve auf einen breiten Forstweg stößt. Diesen nehmen wir nun vollends (an einem Wanderparkplatz vorbei) zur Straße B 464 hinunter (Gatter auf und wieder schließen).

Wir überqueren die Straße (Vorsicht, Schnellfahrerstraße!) und folgen der rechten Wegalternative (in unmittelbarer Straßennähe), die uns nach einem weiteren Kilometer zur Weiler Hütte bringt. Als Ausweichquartier bietet sich das in Holzgerlingen gelegene Naturfreundehaus »Im Eschelbachtal« an. Dafür müssen wir an der letzten beschriebenen Wegspinne nach links wandern. Wir erreichen die Hütte via Schaichhof nach 4 km.

3. Tag: *Von der Weiler Hütte nach Tübingen*

Hinter der Weiler Hütte befindet sich unser mit dem blauen Strich markierter Pfad. Dieser verläuft nun 500 m parallel zur K 1058 auf die B 464 zu. Ist die Bundesstraße erreicht, müssen wir sie überqueren (Vorsicht!) und treffen auf den Wanderparkplatz »Weißer Stein« (504 m). Wieder öffnen und schließen wir das große Wildgatter. Jetzt geht es 1,5 km schnurgerade bergab. Dann treffen wir auf die nach rechts abgehende sogenannte »Tropfender-Wasen-Allee«. Dieser folgen wir nun ohne Wegzeichen leicht abfallend ins Kleine Goldersbachtal hinunter.

Nach 1 km (und einem Rechtsabzweig auf das Altdorfer Sträßle) treffen wir an einem Brückchen auf einen schön gelegenen Rast- und Grillplatz (410 m). Weiter geht's, dem Verlauf des Kleinen Goldersbachs folgend (Goldersbachstraße). Nach 1 km passieren wir das Naturdenkmal »Königseiche«, kurz darauf erreichen wir die Teufelsbrücke und den dazugehörigen Weiher. Mannigfaltige Rastmöglichkeiten sind um diesen Wanderknotenpunkt arrangiert.

Nun wandern wir nach rechts an der Oskar-Klumpp-Eiche vorbei. Um dem großen Fahrrad- und Wanderaufkommen zu entgehen, nehmen wir nach 300 m die Abzweigung nach links hinauf, den sogenannten Kohlhauweg. Nach 500 m eine T-Kreuzung: Hier nach rechts, auf der Königsallee weiter. Nach weiteren

Der Schönbuch

500 m eine Schutzhütte. Wir gehen geradeaus weiter auf dem sogenannten »Bretterzaunweg«, der uns nach 1 km erneut zu einer Schützhütte (mit Grillstelle) führt.

Hier treffen wir wieder auf unser Wanderzeichen, den blauen Strich, dem wir nach rechts folgen. Ein Pfad (später ein Sträßchen, übergehend in die Böblinger Straße) führt uns nun schnurgerade ins wenige hundert Meter entfernte Kloster Bebenhausen (369 m). Erst durch den Wald, dann durch Wiesen.

Das Kloster erreichen wir am rückwärtig gelegenen Teil. Für die Besichtigung der Klosteranlage sollte man mindestens eine Stunde einplanen, zudem laden etliche Gasthöfe zur Einkehr ein. Den kleinen Klosterweiher, an der L 1208 gelegen, sollte man auch nicht vergessen.

Das Kloster und Schloss Bebenhausen liegt in der gleichnamigen, zur Universitätsstadt Tübingen gehörenden Gemeinde. Die Anlage, die um 1190 von Zisterziensern aufgebaut wurde, steht unter Denkmalschutz. Im Zuge der Reformation wurde das Kloster protestantisch und beheimatete bis 1807 eine Schule. Nach 1868 wurden Teile vom württembergischen Hochadel als Jagdquartier genutzt.
König Wilhelm II. von Württemberg fand hier nach seiner endgültigen Abdankung nach der Revolution von 1918 Unterkunft und Asyl. Nach dem Zweiten Weltkrieg diente das Klosterareal bis zur Gründung des Landes Baden-Württemberg (1952) als zeitweiliger Parlamentssitz von Württemberg-Hohenzollern. Im Schloss befindet sich das Informationszentrum über den Naturpark. Unter www.kloster-bebenhausen.de erfährt man Weiteres.

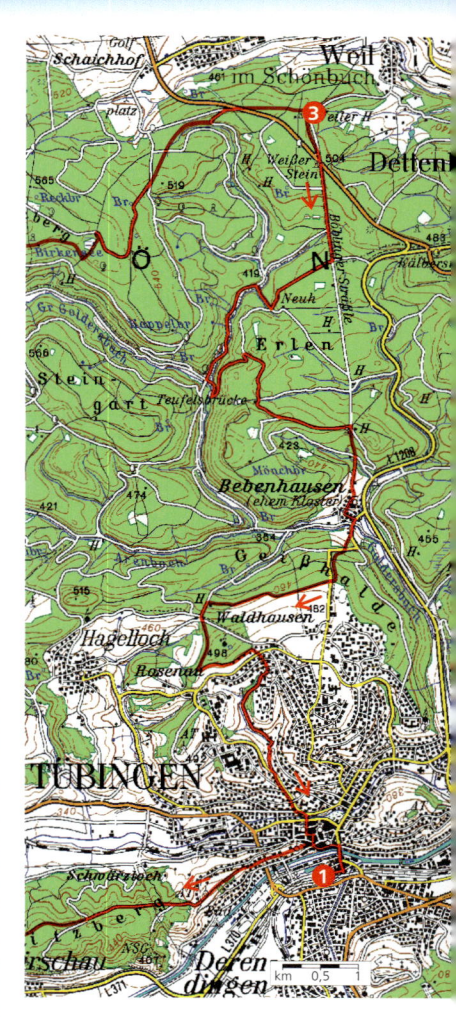

Nach der Auszeit verlassen wir das Dorf auf dem Sträßchen »Am Ziegelberg«. Wir folgen dem rot unterstrichenen grünen Baum den Berg hinauf in den Wald hinein. Kurz darauf verläuft unser Pfad parallel zur Zufahrtsstraße nach Waldhausen. Dann stößt die Straße aus dem Wald. Hier nun rechts halten.

Wir folgen dem Weg am Waldsaum 1,5 km (nur etwa 500 m davon mit dem Wegzeichen), dann erreichen wir eine Abzweigung nach rechts in den Wald hinein. Diese bringt uns nach wenigen Metern zu einem schönen Kinderspielplatz im Wald. Hier halten wir uns links und erreichen auf einem asphaltierten Radweg gleich darauf die Wegspinne am Heuberger Tor (475 m).

Jetzt haben wir eine wunderbare Aussicht auf die Schwäbische Alb. Ein paar Meter weiter auf unserem nun mit dem roten Punkt markierten Weg und man sieht die Wurmlinger Kapelle. Noch 4,5 km bis Tübingen. Unser Weg führt in den Wald hinein. Nach 700 m eine Abzweigung nach links. Nicht verpassen. Es geht kurz bergan. Dann wieder nach links. Unser Weg führt uns entlang der Kleingartenanlage. Wieder gibt es wunderbare Ausblicke auf die Alb.

Nach weiteren 700 m, am Ende der Anlage, müssen wir scharf nach rechts. Der rot unterstrichene grüne

Um den Weiher bei der Teufelsbrücke gibt es etliche schöne Grill- und Rastplätze.

In der Tübinger Altstadt hat man viele Möglichkeiten, die Wanderung ausklingen zu lassen.

Baum (HW 3, Main-Neckar-Rhein-Weg) führt uns nach Tübingen hinunter. Ein Pfad bringt uns zum Nordring, der durch eine Unterführung gequert wird. Ein Sträßchen führt zur Hartmeyerstraße. Ist diese erreicht, kurz nach links gehen. Dann nach rechts in die Straße »Beim Herbstenhof«, vorbei am Seniorenstift. Nach 200 m weist uns dann das Wegzeichen nach links.

Nun wandern wir durch einen Wald entlang des Käsenbachs weiter bergab. Nach 1 km treffen wir wieder auf eine größere Straßenkreuzung. Hier nach rechts. Wir wandern jetzt auf dem Breiten Weg weiter, der nach 400 m in die Schnarrenbergstraße übergeht. Auf dieser geht es vollends nach Tübingen (341 m) hinunter. Via Herrenberger Straße überqueren wir die Kelternstraße und stehen in der Altstadt. Der Bahnhof befindet sich auf der anderen Seite des Schloss-/Altstadtberges bzw. des Neckars.

Der Schwarzwald

Der Schwarzwald ist knapp 180 km lang und liegt zwischen Basel und Karlsruhe. Im Süden etwa 60 km breit, verjüngt er sich Richtung Norden auf etwa 22 km. Im südlichen Schwarzwald (auch Hochschwarzwald genannt) sind mit dem Feldberg (1493 m), dem Belchen (1414 m) und dem Schauinsland bei Freiburg (1284 m) die höchsten Berge Baden-Württembergs zu finden.

Geologie

Vor etwa 280 Millionen Jahren – im Erdaltertum – war auf dem Gebiet des Schwarzwaldes ein zirka 8000 m hohes Gebirge. Dieses wurde zu einer flachen Scholle eingeebnet und umgeformt, so dass es von einem seichten Meer überflutet werden konnte. Sedimente lagerten sich auf dem Meeresgrund ab, vor allem die Sande, die später die bis zu 400 m mächtigen Buntsandstein-Ablagerungen im Nordschwarzwald bildeten.

Überall im Schwarzwald trifft man auf den roten Sandstein als Baumaterial, z. B. beim Freiburger Münster oder bei Teilen der Alpirsbacher Klosteranlage. Der südliche Schwarzwald dagegen besteht an seiner Oberfläche hauptsächlich aus Gneis und Granit, dem Ur-/Grundgestein des Schwarzwaldes.

Vor etwa 45 Millionen Jahren führten unvorstellbar starke Erderschütterungen zu einer Gebirgsfaltung. Dadurch riss ein Graben auf, welcher sich durch ganz Europa vom Mittelmeer bis nach Skandinavien zieht. Teil dieses Grabens ist die tief eingeschnittene Oberrheinebene. Im Osten entstanden dadurch die Erhebungen des Schwarzwaldes und des Odenwaldes, im Westen die Vogesen. Der Schwarzwald ist geologisch gesehen die Fortsetzung der französischen Vogesen.

Aber so ruhig und beschaulich das Ganze heute aussieht, ist es nicht. Eine Million Jahre sind in der Erdgeschichte keine Zeit. Noch immer steigt der Schwarzwald etwa einen Millimeter im Jahr – etwa sieben Zentimeter im Leben eines Menschen.

Geschichte

Steinzeitliche Funde macht man vor allem in den Flusstälern des Schwarzwaldes. Den Steinzeitjägern und den Kelten war der Wald wohl für Ansiedlungen zu dicht und zu unheimlich. Von seinen römischen Eroberern wurde das Gebiet »Silva nigra« (dunkler Wald) benannt. In einer Urkunde des Klosters Sankt Gallen vom Jahre 868 wurde das Waldgebirge erstmals als »Svarzwald« bezeichnet, obwohl das Gebirge alles andere als schwarz war. Ein farbenfrohes Kleid aus artenreichen Buchen- und Eichenwäldern schmückte damals das Gebirge. Der Name Schwarzwald verbreitete sich jedoch sehr rasch auch über die Grenzen hinweg.

Noch um 1000 n. Chr. war der Schwarzwald ein geschlossenes Urwaldgebiet. Kurze Zeit danach begann aber eine Rodungswelle (Köhlerei, Glasmacherei, Schiffsbau, Energiegewinnung), die bis zu Anfang des 17. Jahrhunderts ungehindert voranschritt und sichtbare »Narben« wie z. B. die Hornisgrinde hinterließ. Der Schwarzwald war und ist seitdem ein Forstwirtschaftswald. Holzfäller und Flößer gaben lange Zeit wirtschaftlich den Ton an. Das Hauff'sche Märchen »Das kalte Herz« erzählt davon.

Kleine Trinkpause hoch über dem Murgtal im Nordschwarzwald und die Blicke schweifen lassen.

Im 19. Jahrhundert wurde mit der Aufforstung mit bis zu 90 Prozent Nadelwald (Fichten sind nicht so anspruchsvoll und wachsen schnell) begonnen, so dass der Name Schwarzwald zutreffender wurde. Die Orkane Wiebke, Vivien und Lothar verursachten in den 90er Jahren des vorigen Jahrhunderts die größten Waldschäden seit Menschengedenken in dieser riesigen Monokultur.

Anfang des 19. Jahrhunderts wurde der Schwarzwald zwischen dem Königreich Württemberg und dem Großherzogtum Baden aufgeteilt. Die Dialektgrenze verläuft auch heute noch entlang der Linie Bad Wildbad – Freudenstadt – Donaueschingen und entspricht grob der alten badisch-württembergischen Grenze.

Die Feinwerktechnik, insbesondere die Zeitmesstechnik (Kuckucksuhr, aber auch moderne Chronometer und Zeitmesssysteme), ist im Schwarzwald neben dem Tourismus immer noch ein wichtiger Wirtschaftsfaktor. Es ist deshalb kein Zufall, dass das Deutsche Uhrenmuseum in Furtwangen im Schwarzwald zu finden ist.

Klima, Flora und Fauna

Der Schwarzwald ist die waldreichste Landschaft in Baden-Württemberg. Die Waldwirtschaft ist ein wichtiger Wirtschaftsfaktor in dieser Region und gewinnt aufgrund der Energiekrisen wieder zunehmend an Bedeutung. In den tiefer liegenden und dem Schwarzwald vorgelagerten Regionen spielt der Wein- und Obstbau eine bedeutende Rolle. Als Beispiele seien die Obstanbaugebiete bei Bühl (»Bühler Zwetschgen«) oder die Weinanbaugebiete im Glottertal genannt.

Der Süd- und Mittelschwarzwald liegt im Regenschatten der Vogesen, so dass es hier nicht so oft regnet wie im Norden. Vor allem im Winter gibt es in den Tälern sehr viel Nebel, während auf den Gipfeln Sonnenschein vorherrscht. Grund dafür ist die sogenannte Inversionswetterlage (oben Warmluft, in den Tälern Kaltluft, die nicht aufsteigen kann).

Rundwanderung im Murgtal im Nordschwarzwald

*Bad Rotenfels – Ruine Ebersteinburg – Wolfsschlucht – Merkur – **NFH Weise Stein** – Schloss Eberstein – Obertsrot – Weisenbach – Au – Beckenfelsen – Reichental – Rockertfelsen – **Wanderheim Teufelsmühle (SV)** – Großes Loch – Bernstein – Gaggenau – Bad Rotenfels*

Die Rundwanderung beinhaltet Teile der Premiumwanderwege Murgleiter und Gernsbacher Runde. Sie führt auf den Merkur und die Teufelsmühle mit ihren Aussichtstürmen, an Schlössern und einer Ruine vorbei und auf Felsen, von denen man immer wieder herrliche Ausblicke auf den Nordschwarzwald genießen kann. Ebenso leitet uns der Weg durch schmale, idyllische Schluchten mit beeindruckenden Felsformationen sowie auf den lieblichen Murgtalwanderweg mit seinen typischen Schwarzwalddörfern.

- **Übernachtung:**
  *Naturfreundehaus Weise Stein (teilbewirtschaftet/Selbstversorgung):
  76593 Gernsbach-Staufenberg,
  Telefon (0 72 24) 75 40,
  www.naturfreundehaus-staufenberg-baden.de*

  *Wanderheim Teufelsmühle des Schwarzwaldvereins (Selbstversorgung/kein Trinkwasser):
  76332 Bad Herrenalb,
  Anmeldung: Heidi Schmalt,
  Telefon (0 70 83) 38 44,
  www.schwarzwaldverein.de*

- **Streckenlänge:** *20 km (1. Tag), 28 km (2. Tag), 19 km (3. Tag).*

- **Zeit:** *6 Stunden (1. Tag), 8 Stunden (2. Tag), 6 Stunden (3. Tag).*

- **Karte:** *Freizeitkarte F 501 (Baden-Baden) im Maßstab 1 : 50 000. Herausgegeben vom Landesamt für Geoinformation und Landentwicklung Baden-Württemberg.*

Tour 10　　　　　　　　　　　　　　　　　　　　　　　　　　Der Schwarzwald

■ **Anschlusshütte/Tourverlängerung ab Wanderheim Teufelsmühle:** *Naturfreundehaus Großer Wald, Gaggenau-Michelbach, oder Wanderheim Spielfinken des Schwarzwaldvereins, Malsch.*

■ **Öffentliche Verkehrsmittel:** *Anfahrt/Abfahrt: mit der Bahn bis/von Bad Rotenfels Bahnhof.*

LöwenLine **(0 18 05) 77 99 66***
Ihre Fahrplanauskunft im Land. 24 Stunden die besten Bus- und Bahnverbindungen erfahren.
*(0,14 €/Min. aus dem dt. Festnetz; höchstens 0,42 €/Min. aus Mobilnetzen)

1. Tag: *Von Bad Rotenfels zum NFH Weise Stein*

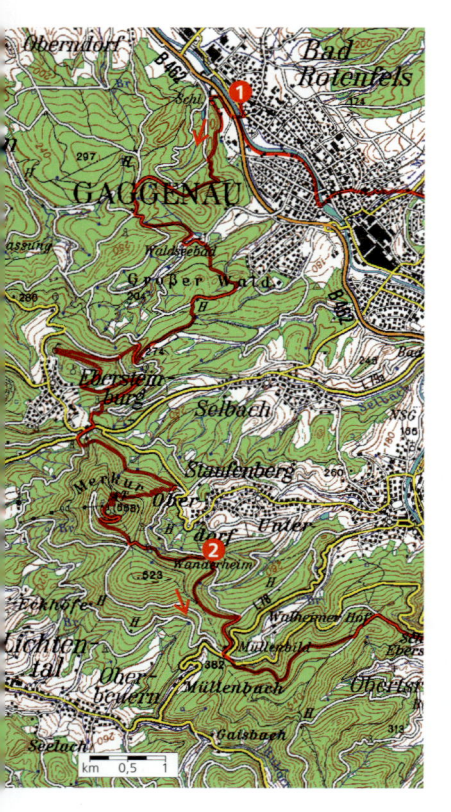

Die Wanderung beginnt am Bahnhof von Bad Rotenfels, einem Stadtteil von Gaggenau. Wir wenden uns in Richtung katholischer Kirche und gehen die Raiffeisenstraße entlang. Über die Murg und rechts unter der Bundesstraße hindurch, wandern wir am Sportplatz vorbei zum Schloss Bad Rotenfels (138 m). Hier sehen wir zum ersten Mal das Symbol für die Murgleiter (blaue Raute mit geschwungenem, grünem *m*), das uns am gesamten ersten Wandertag den Weg weist.

Seit 2008 trägt die Murgleiter das Prädikat »Premiumwanderweg«. Sie schlängelt sich auf abwechslungsreichen Pfaden und naturnahen Wegen auf insgesamt 110 km Länge durch das tief eingegrabene Murgtal. Durch imposante Felsengen und über liebliche Auen, an steilen Waldhängen entlang und an Ruinen mittelalterlicher Burgen mit fantastischen Panoramaausblicken vorbei bietet dieser Weg ein einmaliges Wandererlebnis.

Eine Holzbrücke führt über die von bizarren Felsen eingeschlossene Wolfsschlucht.

Der Weg ist gut gekennzeichnet, so dass auf eine exakte Wegbeschreibung verzichtet werden kann. Wir wandern links den geschotterten Waldweg bergauf, wechseln bald auf einen schmalen Pfad und erreichen, nun wieder auf Schotterwegen, die Schweinlachhütte (251 m). Wir wenden uns nach links.

Nach etwa 400 m wechseln wir links auf einen schmalen Waldpfad und wandern bis zum idyllisch gelegenen Waldseebad (182 m) abwärts durch den Wald. Die Murgleiter führt uns um das Bad herum und beim Parkplatz auf schmalem Pfad entlang eines Naturlehrpfads in den Wald hinein. Der Weg zieht aufwärts an der Echlehütte und dem moosbewachsenen Luisenbrunnen vorbei, der, schattig unter Bäumen gelegen, mit zwei Bänken zu einer Rast lädt.

Auf dem ansteigenden Weg an der Wolfsschluchthütte vorbei können wir bald die ersten freien Blicke über das Rheintal genießen, bevor wir nach einem weiteren Kilometer die Abzweigung zur Ruine Alteberstein (480 m) erreichen. Ein kurzer Abstecher auf den Turm ist empfehlenswert; er wird mit weiten Blicken über die Rheinebene bis hin zu den Vogesen und über den Nordschwarzwald bis zur Badener Höhe und Hornisgrinde belohnt. Zurück zur Abzweigung, geht es an einer weiteren Aussichtsbank vorbei steil den Berg hinauf. Auf der Höhe bleibend

Der Merkurturm auf dem Hausberg von Baden-Baden bietet tolle Blicke über den Nordschwarzwald.

überqueren wir eine Asphaltstraße und biegen direkt vor dem Ort Ebersteinburg links hinunter in Richtung Wolfsschluchtfußweg ab.

Auf schmalem Pfad passieren wir einen monumentalen Felsbrocken mit einem markanten Loch und die Lukashütte, ehe wir die Wolfsschlucht erreichen. Über eine Holzbrücke überqueren wir die rechts und links von bizarren Felsen eingeschlossene Wolfsschlucht. Am Parkplatz (360 m) und dem Hotel/Café »Wolfsschlucht« vorbei überqueren wir die Straße und können auf der Teufelskanzel eine kleine Rast einlegen, um Kräfte für den Anstieg zum Merkur zu sammeln. Anfangs steil ansteigend, später eben zieht der Weg knapp 2 km durch den Wald, ehe rechts ein schmaler, steiler Pfad zum Merkur führt.

Nach 30 anstrengenden Minuten des Aufstiegs über den Zickzackweg erreichen wir den Merkur (660 m), den Hausberg von Baden-Baden. Viele Tagestouristen erwarten uns hier, denn die Gastronomie sorgt für das leibliche Wohl und der Merkur mit seinem Turm bietet herrliche Blicke weit über den Schwarzwald und die Rheinebene. Auf breiter Schotterstraße gehen wir abwärts. Über die Geländepunkte »Binsenwasen« und »Krummer Weg« erreichen wir nach 2,5 km das Naturfreundehaus Weise Stein (396 m).

2. Tag: *Vom NFH Weise Stein zum Wanderheim Teufelsmühle*

Ab dem NFH Weise Stein folgen wir über die Geländepunkte »Wildhag«, »Kohlplättel« und »Müllenbild« der gelben Raute. Bis »Kohlplättel« verläuft der Weg ansteigend auf breiten Schotterwegen, dort wechseln wir nach links auf einen schmalen Waldpfad bergab bis »Kieferscheid«. Nach einer scharfen Rechtskurve erreichen wir das Hotel »Nachtigall« am Geländepunkt »Müllenbild« (382 m).

Wir überqueren die Asphaltstraße und folgen nun dem Ortenauer Weinpfad (rote Raute mit blauen Trauben) bis zum Geländepunkt »Am Zehntacker« kurz vor Schloss Eberstein in etwa 3,5 km Entfernung. Anfangs verläuft der Weg bergauf, anschließend auf der Höhe bleibend mit schönen Blicken hinunter ins Murgtal und zurück auf den Merkur, bis wir die Saulachkopfhütte (454 m) erreichen. Dort halten wir uns links, später rechts und wandern bergab, bis wir beim Geländepunkt »Am Zehntacker« dem Sagenweg nach links auf einen schmalen Waldweg am Grat entlang folgen.

An einem schönen Aussichtspunkt auf Schloss Eberstein vorbei erreichen wir das Restaurant, Hotel und Weingut »Schloss Eberstein« (304 m). Wir genießen die weiten Blicke ins Murgtal, bevor wir nun wieder rechts des Schlosses auf der Murgleiter (blaue Raute mit geschwungenem, grünem *m*) in Serpentinen durch Weinberge und an einem Mammutbaum vorbei hinunter nach Obertsrot wandern.

Wir folgen der Murg flussaufwärts bis zum Blumenplatz (188 m) an der Brücke. Dort wenden wir uns nach rechts und folgen der Dorfstraße hinauf bis zum Schwimmbad, wo wir links abbiegen und aufwärtswandernd am Friedhof vorbei Obertsrot verlassen.

Anfangs auf Asphalt, später auf Schotter, Gras und Waldboden führt uns der nun eben verlaufende Wanderweg oberhalb der Murg an einem Brunnen vorbei durch den

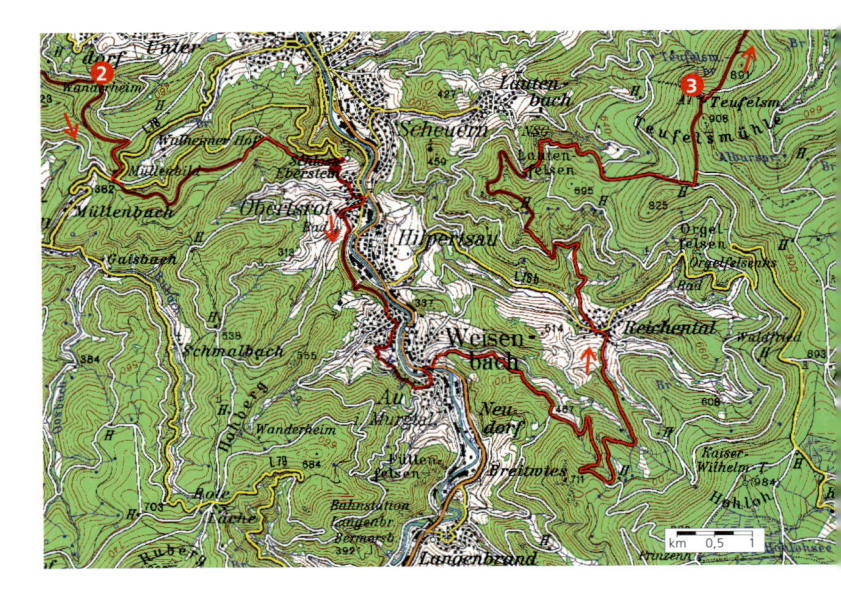

Oberhalb der Weinberge liegt das Hotel, Restaurant und Weingut »Schloss Eberstein«.

Wald nach Weisenbach. Wir folgen dem Murgtalwanderweg über den Wandweg, Torweg, die Friedhof- und die Jahnstraße durch den pittoresken Ortskern. Über Streuobstwiesen verlassen wir Weisenbach und erreichen durch den Wald wandernd das Gasthaus »Sängerheim« am Ortsanfang von Au im Murgtal.

Über die Wald- und die Jakob-Bleyer-Straße nach unten wandernd erreichen wir die Brücke über die Murg. Wir überqueren die Schienen und die Hauptstraße und biegen bei der evangelischen Kirche (212 m) nach links in den Kestelbergweg ein. Für die nächsten anstrengenden 5 km bis zum Geländepunkt »Wetzsteinbrunnen« (660 m) folgen wir der gelben Raute, die uns wieder zur Murgleiter bringt, in Richtung Kaltenbronn.

Die Schotterstraße windet sich steil ansteigend den Berg hinauf. Wir passieren einen Unterstand und überqueren einen schmalen Bachlauf, der sich seinen Weg zwischen moosbewachsenen Felsen hindurch nach unten bahnt. Am Wetzsteinbrunnen haben wir den höchsten Punkt erreicht und biegen nach links in Richtung Reichental ab. Nach 700 m sind wir am Beckenfelsen (620 m), einem Aussichtsfelsen mit tollem Ausblick über das Murgtal und die Rheinebene, angelangt.

Nun sind wir wieder auf der Murgleiter (blaue Raute mit geschwungenem, grünem *m*), der wir bis zur Elsbethhütte in 6 km Entfernung folgen. Vorher wandern wir bergab in das malerische Schwarzwalddorf Reichental (414 m). Im Ortskern biegen wir in den Gernweg ein, der uns an Gärten, Wiesen und einer Kapelle vorbei ansteigend wieder in den Wald führt. Anfangs auf einer Schotterstraße, geht der Weg bald in einen schmalen, steilen, von Steinen gesäumten Waldpfad über, bis wir den Dachsstein (646 m) erreichen.

Herrliche Blicke auf Reichental, Hohloh und das Murgtal lassen den anstrengenden Anstieg vergessen. Es folgen noch ein paar kleinere Aussichtsfelsen, bis wir bei der Elsbethhütte (572 m) am Rockertfelsen bei traumhafter Aussicht auf Rheintal, Merkur, Schloss Eberstein und das Murgtal vor dem Schlussanstieg zur Teufelsmühle eine Rast einlegen können. Zurück zur Abzweigung kurz vor der Elsbethhütte verlassen wir die Murgleiter und steigen links hinauf in Richtung Lautenfelsen.

Nun befinden wir uns auf dem Premiumwanderweg »Gernsbacher Runde« (rote Blume), dessen Zeichen uns auch schon vorher auf der Wanderung begegnet ist. Am unter Naturschutz stehenden Lautenfelsen (594 m), der herrliche freie Blicke über das Murgtal ermöglicht, vorbei, verlassen wir die Gernsbacher Runde beim Geländepunkt »Im Haselbrun-

Naturbelassen fließt die Murg durch das Fachwerkdorf Weisenbach.

Das Wanderheim ist direkt neben dem Teufelsmühleturm mit seiner herrlichen Aussicht.

nen« (639 m) und folgen der gelben Raute nach rechts in Richtung Teufelsmühle.

Nach drei anstrengenden Kilometern über steile Schotter- und Waldwege erreichen wir das Gasthaus »Teufelsmühle«, wo wir später auch essen können. Das Wanderheim Teufelsmühle (908 m) mit dem Teufelsmühleturm und seinem fantastischen Weitblick liegt auf der Rückseite des Gasthauses.

Die Teufelsmühle ist der Hausberg von Loffenau. Einer Sage nach versprach der Teufel dem Müller, die heruntergekommene Mühle in einer Nacht zu renovieren, wenn er dafür die Seele des Müllers erhielte. Seine Ehefrau überlistete aber den Teufel und der Müller konnte seine Seele behalten.

3. Tag: *Vom Wanderheim Teufelsmühle zurück nach Bad Rotenfels*

Direkt beim Wanderheim führt ein Pfad in den Wald, der in Richtung »Großes Loch« weist und mit einer blauen Raute markiert ist. Wir überqueren zweimal die Zufahrtsstraße zur Teufelsmühle und erreichen den Grenzertparkplatz, den wir passieren, um auf dem geschotterten Höhenweg entlangzuwandern. Nach 500 m verlassen wir die Schotterstraße nach links auf einen schmalen Steig den Berg hinab. Wir kommen kurz auf einen Schotterweg, auf dem wir nach links zu den Sitzbänken gehen. Dort weist eine gelbe Raute den fast schon alpinen Steig über viele Steine steil nach unten.

Rechts gibt es kurze Zeit später die Möglichkeit, eine durch natürliche Erosion entstandene Felshöhle, Teufelskammer genannt, zu bewundern. Auf abschüssigem Steig erreichen wir den Geländepunkt »Großes Loch«. Wir folgen rechts dem schmalen, mit Holzgeländern gesicherten Pfad durch die schroffe und spektakuläre Waldschlucht. Der Pfad weitet sich und bald erreichen wir die asphaltierte Zufahrtsstraße zur Teufelsmühle, die wir bergab bis zur Rißwasenhütte (580 m) gehen. Hinter der Hütte führt uns der Wegweiser (gelbe Raute in Richtung Bernstein) einen schmalen Graspfad empor.

Auf der folgenden ebenen Schotterstraße unterhalb des Aizenbergs können wir öfter die Ausblicke über das Murgtal und den Nordschwarzwald genießen, ehe wir bergab zum Wanderparkplatz »Käppele« (549 m) gehen, die Straße überqueren und am etwas heruntergekommenen Kiosk eine kurze Rast einlegen. Wir orientieren uns nun bis zum Bernstein in 4,5 km Entfernung an der blauen Raute und wandern hinter der Hütte den geschotterten Höhenweg entlang. Die gute Markierung hilft uns, den ansteigenden Weg an mehreren Abzweigungen vorbei zum letzten Aussichtsfelsen unserer Wandertour, dem Naturdenkmal Bernsteinfels (694 m), sicher zu finden.

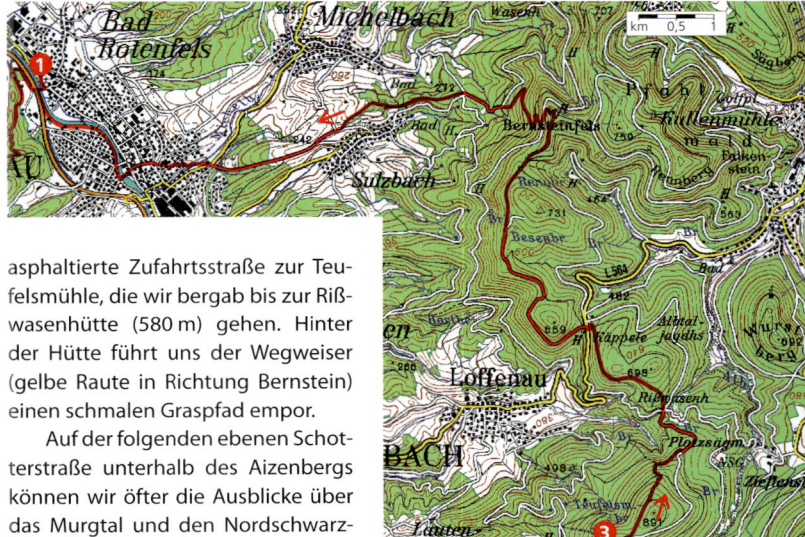

Der Bernstein ist ein Teil des Höhenzugs, der das vordere Murgtal auf seiner Ostseite begrenzt. Ein 6 m hoher Fels aus Buntsandstein mit einem über 25 Quadratmeter großen Aussichtsplateau bildet den Gipfel dieses Berges. Wegen der für die Region einzigartigen Gesteinsformation und der geologisch-tektonischen und naturkundlichen Bedeutung wurden der Bernsteinfels und seine nähere Umgebung im Jahr 2008 von den Städten Gaggenau und Bad Herrenalb unter besonderen Schutz gestellt und zum Naturdenkmal erklärt.

Die Blaubeeren am Weg in Gipfelnähe lassen den Wanderer an die Vogesen denken. Eine Hütte inklusive Gipfelbuch, Sitzgelegenheiten und eine Aussichtsbank auf dem Bernsteinfels erwarten uns. Wieder haben wir ein tolles Panorama, auch viele markante Punkte unserer zurückgelegten Strecke berührt der Blick. Wir wandern

Auf dem Bernsteinfels laden mehrere Sitzbänke zu einer Rast.

100 m zurück zur Abzweigung nach Gaggenau und steigen den schmalen Pfad hinab. Immer der blauen Raute folgend verlieren wir im Zickzack schnell an Höhe, anfangs auf schmalem Pfad, später auf Schotterwegen.

Nach 3 km erreichen wir den Geländepunkt »Katzenbusch« (345 m) und nehmen den mittleren Weg (blaue Raute) in Richtung »Im Park«. Vorbei an der Kiesloch-Hütte, Streuobstwiesen und dem Waldfriedhof erreichen wir den Ortsanfang von Gaggenau. Wir überqueren die Michelbacher Straße (L 613) und nehmen den Fußweg durch den Park.

Über Lützowweg (rechts) und Körnerstraße (links) nehmen wir rechts den Fußweg vor zur Friedrich-Ebert-Straße, die uns über die Gleise ins Zentrum von Gaggenau (141 m) bringt. Wir gehen die Fußgängerzone hinunter und durch den Park, überqueren die Murg, die wir nun noch 2 km flussabwärts begleiten. Bei der katholischen Kirche von Bad Rotenfels queren wir erneut die Murg und wandern zurück zum Bahnhof.

Panoramawanderung in Baden-Badens Nähe

Tiergarten Baden-Baden – Geroldsauer Wasserfall – Badener Höhe –
NFH Badener Höhe *– Mehliskopf – Hochkopf – Hornisgrinde –*
Mummelsee – Ruhestein – ***Acherner Wanderheim (SV)*** *– Karlsruher*
Grat – Gottschlägtal – Ottenhöfen – Felsenweg – Kappelrodeck

Diese Wanderung führt über einen Teil des Panoramawegs von Baden-Baden bis auf den höchsten Punkt auf Baden-Badener Gemarkung, die Badener Höhe. Dem Hauptkamm des Nordschwarzwaldes über Mehliskopf, Hochkopf und Hornisgrinde folgen wir auf dem bekannten Westweg nach Süden. Anschließend überqueren wir den Karlsruher Grat, den einzigen Klettersteig des Nordschwarzwaldes, und wandern durch das sagenumwobene Gottschlägtal abwärts nach Ottenhöfen und über den Felsenweg nach Kappelrodeck. Die landschaftlich sehr abwechslungsreiche Wanderung führt an vielen Aussichtspunkten, wilden Bachläufen und den schönsten Gipfeln des Nordschwarzwaldes entlang.

- **Übernachtung:**
  Naturfreundehaus Badener Höhe (ganzjährig bewirtschaftet/Montag Ruhetag):
  Schwarzwaldhochstraße,
  77815 Bühl/Baden,
  Telefon (0 72 26) 2 38,
  www.naturfreunde-karlsruhe.de,
  Anmeldung: Claus Stammer,
  Telefon (07 21) 56 31 80.

  Acherner Wanderheim des Schwarzwaldvereins (Selbstversorger/gut ausgestattete Wirtschaftsküche):
  Bosensteiner Eck 9,
  77889 Seebach,
  Telefon (0 78 42) 10 22,
  www.schwarzwaldverein-achern.de,
  Anmeldung: Josef und Hedwig Bohnert, Telefon (0 78 41) 41 40 und 75 63.

- **Streckenlänge:** *20 km (1. Tag); 23 km (2. Tag); 17 km (3. Tag).*

- **Zeit:** *7 Stunden (1. Tag), 7 Stunden (2. Tag), 6 Stunden (3. Tag).*

- **Karten:** *Freizeitkarten F 501 (Baden-Baden) und F 503 (Offenburg) im Maßstab 1 : 50 000. Herausgegeben vom Landesamt für Geoinformation und Landentwicklung Baden-Württemberg.*

- **Anschlusshütte/Tourverlängerung ab Acherner Wanderheim des Schwarzwaldvereins:** *Naturfreundehaus Kniebis, Freudenstadt, oder Naturfreundehaus Kehl, Oppenau, oder Naturfreundehaus Kornebene, Bechtenbach.*

- **Öffentliche Verkehrsmittel:** *Anfahrt: mit der Bahn bis Hauptbahnhof Baden-Baden, von dort mit dem Linienbus 216 zur Haltestelle Tiergarten/Korbmattfelsenhof. Abfahrt: mit der Bahn von Kappelrodeck.*
  Löwen*Line* **(0 18 05) 77 99 66***
  Ihre Fahrplanauskunft im Land. 24 Stunden die besten Bus- und Bahnverbindungen erfahren.
  *(0,14 €/Min. aus dem dt. Festnetz; höchstens 0,42 €/Min. aus Mobilnetzen)

1. Tag: *Von Baden-Baden zum NFH Badener Höhe*

Die Wanderung startet an der Haltestelle Tiergarten/Korbmattfelsenhof (252 m). Eine große Wandertafel bietet die Möglichkeit der Orientierung. Die ersten 11 km bis zum Wanderportal Geroldsauer Wasserfall wandern wir auf dem Premiumwanderweg »Panoramaweg«, der uns immer wieder tolle Blicke auf Baden-Baden, die Rheinebene und den Nordschwarzwald bietet. Das Wegzeichen ist ein grüner Punkt.

Wir überqueren die Fremersbergstraße und folgen dem Schild »Panoramaweg« an der AOK-Klinik Korbmattfelsenhof vorbei. Direkt nach der Klinik biegen wir rechts auf einen schmalen Waldweg ein, der steil bergauf und durch schönen Mischwald führt. Nach etwa 600 m kommen wir am Hirschbrünnele vorbei. Nach weiteren 400 m macht

Vom Korbmattfelsen aus sieht man bis in die Rheinebene, bei gutem Wetter bis zu den Vogesen.

der Weg an einer großen Lichtung eine scharfe Linkskurve. Der Weg verläuft nun annähernd auf einer Höhe, bis wir zum Aussichtspunkt Korbmattfelsen (430 m) mit der Korbmattfelsenhütte gelangen.

Von dort aus haben wir einen weiten Blick über die Berge des Nordschwarzwaldes und auf die Rheinebene. Zu unserer Linken sehen wir den Fernmelde- und Aussichtsturm am Fremersberg. 900 m weiter erreichen wir den nächsten Aussichtspunkt, das Waldhaus Batschari, das 1911 erbaut wurde. Hier können wir den weiten Blick über die grüne Stadt Baden-Baden und den 668 m hohen Merkur, den Hausberg von Baden-Baden, genießen.

Nach einer kleinen Rast gehen wir auf einem Schotterweg steil bergauf. Wir gelangen auf den Iberstweg und passieren nach 2 km die Lachehütte. Weiter geht es auf der Priesewitzallee, wo wir nach weiteren ebenen knapp 1,5 km zum markanten Louisfelsen mit zugehöriger Hütte (420 m) kommen. Dem Panoramaweg folgend überqueren wir eine Kreuzung und erreichen auf dem oberen Sonnenweg nach 1 km die Gelbeichhütte (385 m). Hier biegen wir auf dem Panoramaweg scharf nach rechts ab und wandern nun oberhalb des Grobbachtals entlang.

An der nächsten Kreuzung folgen wir dem Linksbogen entlang des Ibachs. An der Lichtung halten wir uns rechts, passieren das Ibachbrünnele, wo wir uns erfrischen können, und wandern auf dem lieblichen

Der Wanderweg führt entlang des romantischen Grobbachs.

Laisenbergweg oberhalb von Geraldsau in Richtung Malschbach. Bei der nächsten Gelegenheit verlassen wir, weiterhin dem Panoramaweg folgend, den Hauptweg nach links.

Auf einem Asphaltweg erreichen wir den Weiler Malschbach, der idyllisch zwischen Wiesen und Obstbäumen im Grobbachtal liegt. Im Ort halten wir uns links, überqueren nach einem schmalen Trampelpfad die Schwarzwaldhochstraße (B 500) und erreichen den Parkplatz des Wanderportals Geroldsauer Wasserfall (268 m). Hier verlassen wir den Panoramaweg. Wir folgen dem Wasserfallrundweg (blauer Kreis) links entlang, bis wir auf den Wannackerweg stoßen, gehen dann am Brahms-Brunnen vorbei und überqueren wenig später eine Brücke.

Der romantisch gelegene Geroldsauer Wasserfall war schon im 19. Jahrhundert ein beliebtes Ausflugsziel. Künstler wie der französische Maler Gustave Courbet (1819 bis 1877), der deutsche Komponist Johannes Brahms (1833 bis 1897) und die deutsche Komponistin und Pianistin Clara Schumann (1819 bis 1896) haben sich auf dem Weg dorthin erholt und inspirieren lassen. Der Trinkwasserbrunnen auf dem Weg bietet eine willkommene Erfrischung. Brahms soll dort mit Clara Schumann gerastet haben.

Entlang des Grobbachs, der sich romantisch über Felsen seinen Weg bahnt, wandern wir schließlich 1,3 km bachaufwärts, bis wir zum Geroldsauer Wasserfall gelangen. Eine Bank lädt uns zum Genießen des Ortes ein. Hier verlassen wir den Wasserfallrundweg und erreichen nach 300 m die Waldgaststätte »Bütthof« (310 m), in der wir uns vor dem bevorstehenden Anstieg zur Badener Höhe stärken können.

Am malerischen Grobbach entlang wandern wir nun 1,5 km stetig bachaufwärts. An der nächsten Brücke könnten wir den Bach überqueren und dem etwas breiteren Wanderweg links entlang des Bachs folgen, doch wir bleiben auf dem schmalen und schöneren Pfad rechts vom Bach. Der Weg führt uns an einer Weide vorbei, auf der im Sommer und Herbst schottische Hochlandrinder grasen.

Stetig ansteigend erreichen wir die Neubrücke und nach einem weiteren Kilometer die Urbachhütte (440 m), bei der unser schmaler Weg endet und wir über den Bach zum breiteren, geschotterten Hauptweg überwechseln. Diesem Weg folgen wir weiterhin am Bach entlang noch 200 m bis zur nächsten Kreuzung. Dort biegen wir nach rechts auf den Grimbachweg ab und sehen kurz darauf zur linken Seite eine offene Wiese mit dem Gehöft Neuhaus.

Den breiten, geschotterten Waldweg aufwärtswandernd, erreichen wir nach 600 m eine größere Kreuzung. Wir nehmen den mittleren, steilsten Weg und wandern immer dem Bachlauf folgend in Serpentinen bergauf. Nach 600 m steilen Berganstiegs verlässt der breite Schotterweg in einem langen Rechtsbogen den Bachlauf. Nun merklich flacher werdend führt uns dieser Weg bis zur nächsten Kreuzung, an der wir links abbiegen und die Bernsteinhütte (738 m) erreichen.

Weite Blicke über den Schwarzwald belohnen uns für den mühsamen Anstieg. Es ist Zeit für eine Rast. Wir folgen nicht dem Weg Richtung Badener Höhe (über die Mittelfeldhütte), sondern wenden uns oberhalb der Bernsteinhütte nach links. Diesem behutsam ansteigenden Weg folgen wir 500 m und wenden uns an der nächsten Abzweigung nach rechts Richtung »Badener Sattel«.

An einem Hochsitz vorbeiwandernd erblicken wir voraus den höchsten Punkt auf Baden-Badener Gemarkung, den Friedrichsturm auf der Badener Höhe. Der Wanderweg führt nochmals in den dichten Wald und steigt erneut stark an, bevor wir die Hütte am Badener Sattel (874 m) erreichen. Hier treffen sechs Wege aufeinander.

Wer nun schon genug Höhenmeter in den Beinen hat, kann rechts dem Höhenweg folgen und auf ebener Wanderstrecke direkt zum Herrenwieser Sattel wandern. Wer unermüdlich ist, kann zum Friedrichsturm weiterwandern: Man folgt dem Wegweiser halb rechts hoch zur Badener Höhe (1002 m) und erreicht den über

30 Meter hohen Aussichtsturm nach einem weiteren Anstieg von 150 Höhenmetern in 1,5 km Entfernung. Die Anstrengung wird mit einer fantastischen Rundumsicht vom Friedrichsturm belohnt.

Die freie Sicht auf dem Gipfel ist vor allem dem Orkan »Lothar« geschuldet, der am 26. Dezember 1999 in nordöstlicher Richtung über West- und Mitteleuropa hinwegzog. Mit Windgeschwindigkeiten von über 250 km/h richtete der Orkan einen immensen Waldschaden an. In Baden-Württemberg fielen 30 Millionen Festmeter, das Dreifache des Jahreseinschlages, dem Orkan zum Opfer.

Wir befinden uns nun auf dem Hauptkamm des Nordschwarzwaldes, dem wir am nächsten Tag in Richtung Süden über einige Gipfel folgen. Der roten Raute, dem Zeichen des Schwarzwald-Westwegs, abwärtsfolgend, erreichen wir nach knapp 1,7 km den Herrenwieser Sattel (878 m). Hier treffen die beiden Alternativrouten wieder zusammen. Dem Westweg in Richtung Hornisgrinde folgend, erreichen wir nach 600 m das Naturfreundehaus Badener Höhe, das heutige Etappenziel.

2. Tag: *Vom NFH Badener Höhe zum Acherner Wanderheim (SV)*

Wir wandern den Westweg (rote Raute) knapp 2 km abwärts nach Sand (824 m), wo im Winter eine der längsten Pisten des Schwarzwaldes auf die Skifahrer wartet. Direkt vor der Schwarzwaldhochstraße folgen wir dem Westwegzeichen nach links. 400 m weiter verlassen wir den Westweg und vertrauen dem Wegweiser in Richtung Mehliskopf. Nach 500 ansteigenden Metern durch den dichten Wald erreichen wir den Skihang vom Mehliskopf, den wir kurz betreten, aber oberhalb auf der gleichen Seite wieder verlassen. Ein gelbes Rautenzeichen zeigt uns an, dass es noch 800 m bis zum Gipfel sind.

Vom 1880 erbauten, steinernen »Mehliskopfturm« (1010 m) aus können wir die ersten weiten Blicke des heutigen Tages über die Rheinebene bis zu den Vogesen und über den Schwarzwald werfen. Sehen wir in nordöstliche Richtung, erkennen wir den Friedrichsturm auf der Badener Höhe, in südwestlicher Richtung erblicken wir den Sendeturm auf der Hornisgrinde, wo wir heute noch hinwandern. Wir folgen dem Schild in Richtung Hundseck und überqueren erneut einen Skihang. An der nächsten Kreuzung wenden wir uns der gelben Raute folgend nach rechts und erreichen den Wintersportort Hundseck, der nur im Winter einen gewissen Charme versprüht, im Sommer aber trostlos und verlassen wirkt.

Der Schwarzwald Tour 11

Bis zum Naturschutzzentrum Ruhestein in 17,5 km Entfernung wandern wir nun auf einem der schönsten Teilstücke des Westwegs (rote Raute) über weite Teile des Hauptkamms des Nordschwarzwaldes. Die Orientierung fällt wegen der ausgezeichneten Markierung des Westwegs mit der roten Raute sehr leicht.

Der etwa 285 km lange Westweg von Pforzheim nach Basel ist eine Nord-Süd-Fernwanderstrecke durch den Schwarzwald. Dieser Höhenwanderweg wurde im Jahr 1900 als erster Fernwanderweg in Deutschland angelegt und wird seither vom Schwarzwaldverein gepflegt und betreut. Sein Wegzeichen ist eine rote Raute auf weißem Grund. Der Westweg ist Teil des Europäischen Fernwanderwegs E 1 vom Nordkap nach Sizilien.

Am Ortsausgang von Hundseck überqueren wir erneut eine Skipiste und nehmen den rechten Weg den Berg hinauf. Nach 3 km sanften Anstiegs erreichen wir auf schmalem Wanderweg den Hochkopf (1038 m), die höchste Erhebung auf Bühler Gemarkung. Über Steinplatten wandern wir durch die Hochmoorflächen und erreichen nach 1 km Unterstmatt (928 m). Mehrere Cafés laden zu einer kurzen Rast. Links der Skipiste geht der Wanderweg durch den Wald aufwärts am Ski- und Wanderheim Ochsenstall (1036 m), der höchstgelegenen bewirtschafteten Hütte im Nordschwarzwald, vorbei.

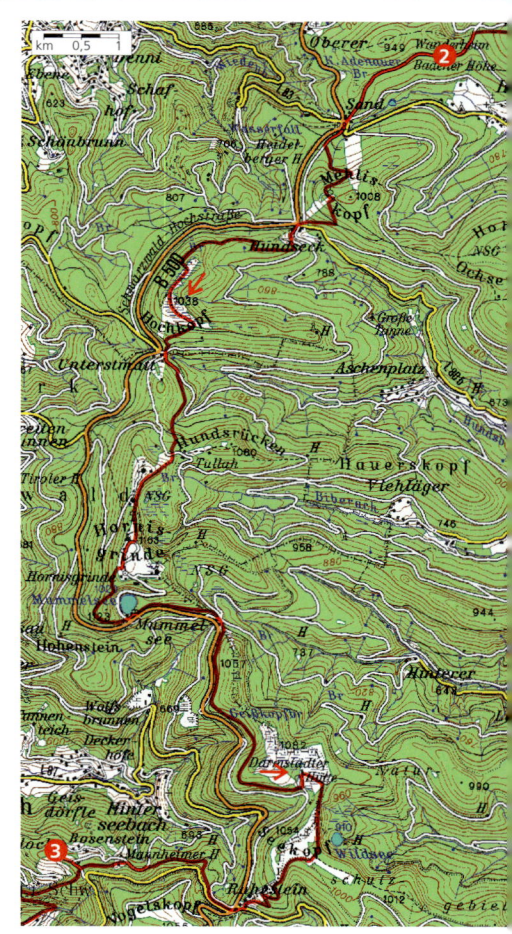

Nach weiteren eineinhalb anstrengenden Kilometern erreichen wir auf schmalem, steinigen Weg

Der Bismarckturm auf der Hornisgrinde ist ein viel besuchter Aussichtsturm.

den Fernmeldeturm Hornisgrinde (1125 m). Am Windpark Hornisgrinde vorbei gelangen wir über ausgelegte Steinplatten im Hochmoor, das Teil des Naturschutzgebiets »Hornisgrinde-Biberkessel« ist, zum 7 m hohen Bismarckturm (1164 m).

Die Hornisgrinde ist der höchste Gipfel des Nordschwarzwaldes und somit auch höchster Punkt unserer Wanderung. Nach 600 m kommen wir am 23 m hohen Hornisgrindeturm vorbei, den man für einen Euro besichtigen kann. Oben lässt sich die umwerfende Rundumsicht über zahlreiche Berge des Schwarzwaldes, die Vogesen, Teile des Pfälzerwaldes und der Schwäbischen Alb sowie einige Gipfel der Alpen genießen.

Wir gehen einen steinernen Weg 1,5 km abwärts und erreichen den Mummelsee (1028 m), der zu den meistbesuchten Seen in Baden-Württemberg zählt und dementsprechend touristisch erschlossen ist. Nachdem wir den Parkplatz überquert und an einigen touristischen Läden vorbeigeschlendert sind, durchschreiten wir das Mummelseetor Seebach. Der Weg führt uns oberhalb der Schwarzwaldhochstraße B 500 durch den Wald, bis wir in 1,5 km Entfernung den Parkplatz Seibelseckle (956 m) erreichen.

Um zu unserem nächsten Etappenziel, der 3,5 km entfernten Darmstädter Hütte (1033 m), zu gelangen, gehen wir an der Talstation des Skilifts schräg rechts vorbei, auf den Hellmut-Gnädinger-Weg. Der stark frequentierte Weg verzückt vor allem durch seinen überwältigenden Blick über den Schwarzwald und die Rheinebene. Am Skilift Darmstädter Hütte wandern wir noch 200 m aufwärts, bis wir zur gemütlichen Darmstädter Hütte gelangen. Sie bietet eine gute Alternative zum Übernachten, falls das Acherner Wanderheim besetzt sein sollte.

Nun halten wir uns rechts und gehen den breiten, geschotterten Wanderweg bis zum Wildseeblick leicht bergauf. Tief unter uns schlummert der Wildsee, der wie der Mummelsee zu den Karseen zählt und in einem Naturwaldreservat liegt. Über den Seekopf erreichen wir nach 2,4 km in

Auf dem bekannten Schwarzwaldwestweg trifft man viele Wanderer.

Serpentinen abwärtswandernd den Skilift Ruhestein (917 m).

Am Naturschutzzentrum Ruhestein vorbei, überqueren wir die Straße und folgen nun dem Schild mit der blauen Raute in Richtung Acherner Wanderheim, Bosenstein. Hier verlassen wir den Westweg. Wir überqueren die Schwarzwaldhochstraße B 500 und erblicken leicht nach rechts versetzt die abwärtsführende »Alte Ruhesteinstraße« in Richtung Bosensteiner Eck (blaue Raute).

Schon nach 150 m biegen wir nach links auf einen schmalen Wanderweg ab, der uns kurze Zeit später an der Acherquelle vorbeiführt. Nach 1 km stößt der Weg wieder auf einen etwas breiteren Waldweg (Karl-Ross-Weg), dem wir nach links folgen. Wir halten uns zweimal links und kommen an einer Lichtung vorbei, die uns einen letzten Blick auf die Hornisgrinde bietet.

Am Bosensteiner Eck (825 m) folgen wir dem Wegweiser zum Brennte Schrofen (gelbe Raute) nach rechts. Am Ende des Weges nach 500 m haben wir das Acherner Wanderheim, ein Selbstversorgerhaus, erreicht. Wer abends essen gehen will, findet in unmittelbarer Nachbarschaft das Gasthaus »Bosenstein« oder zehn Minuten entfernt das Berggasthaus »Kernhof«. Für einen kurzen Abendspaziergang bietet sich vom Acherner Wanderheim der Brennte Schrofen an, ein 500 m entfernter

Granitfelsen mit herrlichem Blick auf Ottenhöfen, das Achertal und über ausgedehnte Wälder bis hin zur Rheinebene.

Die Darmstädter Hütte am Westweg wäre eine Alternative zum Acherner Wanderheim (5 km entfernt).

3. Tag: *Vom Acherner Wanderheim über den Karlsruher Grat nach Kappelrodeck*

Vom Acherner Wanderheim gehen wir wieder zurück zum Bosensteiner Eck und folgen dort dem Wegweiser nach rechts zum Karlsruher Grat (blaue Raute).

Das Naturschutzgebiet »Karlsruher Grat« ist ein ungefähr 400 m langer Felsgrat, über den der einzige Klettersteig des Nordschwarzwaldes führt. Die Felsen des Grates, der früher »Eichhaldenfirst« genannt wurde, bestehen aus hartem Quarzporphyr. In Millionen von Jahren wurden durch Erosion die weicheren Gesteine wie Buntsandstein abgetragen und es bildete sich der Grat heraus.

Nach 500 m abwärtsführendem Waldweg stoßen wir auf die ersten Porphyrfelsen, die den Beginn des Klettersteigs Karlsruher Grat markieren. Auf dem Grat selber verlaufen keine Drahtseile und Farbmarkierungen, die Route muss selbst gewählt werden. Der Steig ist an einigen Stellen ausgesetzt, deswegen werden Trittsicherheit und Schwindelfreiheit vorausgesetzt. Als Alternativroute bietet sich eine leichte Variante rechts des Grats an. Nach einer halben Stunde Klettertour, die unsere Mühen mit wunderschönen Ausblicken über das Gottschlägtal belohnt, biegen wir scharf nach links in Richtung »Falkenschrofen, Gottschläg, Ottenhöfen« ab. Hier treffen wir wieder auf die Alternativroute.

Auf einem Waldweg geht es nun steil bergab, bis wir nach 500 m den Aussichtsfels »Herrenschrofen« erreichen, von dem wir nochmals einen Blick auf den Karlsruher Grat zurückwerfen. Nach weiteren 500 m erreichen wir eine Kreuzung und biegen scharf nach rechts auf ei-

Trittsicherheit und Schwindelfreiheit werden auf dem Karlsruher Grat vorausgesetzt.

nen breiteren Schotterweg ab. Hier gibt es einen kuriosen Selbstbedienungskiosk, bei dem man sich mit gekühlten Getränken versorgen kann.

Dem Bachlauf folgen wir abwärts und biegen nach 500 m rechts in einen schmalen Waldweg in Richtung »Edelfrauengrab-Wasserfälle« (gelbe Raute) ab. Kurz darauf halten wir uns links und kommen am »Romantischen Brückle« vorbei. Über viele Treppen und Stege wandern wir nun abwärts, immer entlang des romantischen Gottschlägbachs mit seinen bis zu 8 m hohen Einzel-Wasserfällen. Wir erreichen bei einem Wasserfall das sagenumwobene »Edelfrauengrab«, wo der Legende nach eine untreue Edelfrau ihr gewaltsames Ende fand. Kurze Zeit später haben wir das Ende der schmalen Klamm erreicht und passieren das »Café am Wasserfall«.

Am Werksgelände des Porphyrsteinbruchs wandern wir vorbei, biegen links in die asphaltierte »Obere Edelfrauengrabstraße« ein und passieren die ersten Häuser von Ottenhöfen. Die Straße »Schlossberg« und

Über viele Treppen, Stiege und Brücken folgt der Wanderweg dem wilden Gottschlägbach.

ihre Fortsetzung »Am Sauerberg« führen uns zur Allerheiligenstraße, wo wir uns nach links wenden und etwa 50 m später rechts über einem Bach in den Blustenweg einbiegen.

Der Wegweiser schickt uns in Richtung Simmersbach, Langeck, Schule nach rechts steil den Berg hinauf. Direkt nach dem Schulgebäude folgen wir dem Wegweiser Richtung Simmersbach (Emil-Oster-Weg) immer rechts haltend 1 km bis zum Sattel. Dort halten wir uns wieder rechts und gehen in einem weiten Rechtsbogen oberhalb des Tals.

Wir treffen auf einen leicht abschüssigen größeren Waldweg, der mit gelber Raute markiert ist, und folgen ihm 200 m nach rechts. Bei der nächsten Möglichkeit biegen wir nach links ab und gehen auf einem schmalen Pfad zu den Aussiedlerhöfen von Simmersbach. Am Haus Nummer 18 biegen wir rechts auf einen schmalen Pfad ab, dem wir 200 m bachaufwärts in Richtung »Sesselfelsen« folgen. Wir überqueren den Bach nach rechts und halten uns nun an das blaue Rautenzeichen, das uns auf dem Felsenweg (geologischer Lehrpfad) zum »Sesselfelsen« bringt.

Am stillgelegten Steinbruch am Sesselfelsen biegen wir scharf nach links auf einen schmalen Pfad ab, der im Zickzack steil nach oben bis zum Sesselfelsen (566 m) führt. Wir haben eine gute Aussicht auf Ottenhöfen und die sich darüber erhebende Hornisgrinde. Bei den 200 m entfernten Hinweisschildern verlassen wir den Felsenweg und folgen dem Weg mit der gelben Raute in Richtung Kappelrodeck. Dieser Weg führt zwischen zwei Schotterwegen bis zu einer Grillhütte mit kleiner Quelle. Am asphaltierten Weg halten wir uns links und folgen 100 m später der gelben Raute rechts in Richtung Blaubronn. Am Löschwasserteich (540 m) erblicken wir Weiden und Gehöfte und folgen dem Schild in Richtung Stierfelsen.

Nun sind wir wieder auf dem Felsenweg, dem wir oberhalb des zweiten Gehöfts nach links aufwärts in den Wald hineinfolgen. Nach einem Linksschwenk erreichen wir nach 200 m am höchsten Punkt den Stierfelsen (607 m), einen Granitblock, der durch seine abgerundeten Formen auffällt. Links, etwas im Wald versteckt, steht ein ähnlicher Granitblock, der Karschrofen. Wir folgen dem Felsenweg abwärts. Vorsicht an der nächsten Kreuzung: Nicht dem Schotterweg nach links, sondern geradeaus der versteckten gelben Raute folgen.

Wir erblicken die Felskanzel »Bürstenstein«, wo mehrere Bänke mit exzellentem Blick weit über die Rheinebene bis hin zu den Vogesen zu einer Rast einladen. Nun wandern wir rechts des Bürstensteins auf einem steilen Pfad, der in einen Waldweg mündet, bergab und verlassen am »Bobenholz« den Felsenweg. Dort folgen wir 1,2 km abwärts der gelben Raute nach links in Richtung Kappelrodeck/Schloss Rodeck, bis uns in einer engen Linkskurve die gelbe Raute nach rechts auf einen schmalen Pfad verweist. Oberhalb einer Obstplantage öffnet sich der Blick auf Kappelrodeck, dessen erste Häuser wir nach weiteren 500 m erreichen.

Nun wenden wir uns nach rechts und folgen der Schlossbergstraße. Wir passieren das Schloss Rodeck, das, umgeben von Weinbergen, auf einem Hügel oberhalb Kappelrodecks thront, wenden uns nach rechts und gehen die Jahnstraße hinunter. Nach 100 m biegen wir nach links ab in die Obere Widigstraße, die in die Herrenstraße übergeht. Wir überqueren die Hauptstraße und sehen zur rechten Seite den Bahnhof der Achertalbahn in Kappelrodeck, das Ziel unserer Wandertour.

Winterwanderung im Südschwarzwald

*Badenweiler – Hohenblauen – Haldenhof – Belchen – **Dießlin-Hütte (SV)** – Wiedener Eck – Hörnle – Gießhübel – Eduardshöhe – **Wanderheim Berglusthaus (SV)** – Geißenfels – Eckhof – Horben – Kreuzkopf – Freiburg*

Eine Wanderung mit so viel Abwechslung findet man selten. Fährt man gerade noch durch vom Winterschlaf erwachende Weinberge, ist man zwei Stunden später im Tiefschnee im Gebirge. Spielt das Wetter mit, hat man Blicke auf die Rheinebene, die Schweizer Alpen und die Vogesen. Es geht über hohe Berge, durch Gebirgswälder und über Hochebenen. Hütten laden abends zum wärmenden, gemütlichen Verweilen ein. Zu Beginn wandern wir vom Kurort Badenweiler hinauf zum Hohenblauen. Von dort geht's über einen Bergkamm zum Belchen. Am zweiten Tag erwartet uns Hochschwarzwald pur – durch verschneite Nadelwälder geht es mit Blick auf's Feldbergplateau Richtung Schauinsland. Am Tagesende steigen wir hinab zum Berglusthaus. Die Schlussetappe wird bestimmt von Blicken zu den Vogesen und dem Abstieg nach Freiburg. Der Unistadt muss man etwas Zeit einräumen – Altstadt, Münster und badisches Essen locken.

- **Übernachtung:** *Dießlin-Hütte des Schwarzwaldvereins (Selbstversorgung): Telefon (0 76 73) 12 91, www.schwarzwaldverein.de/allgemein/schwarzwaldverein/wanderheime*

  Wanderheim Berglusthaus des Schwarzwaldvereins (teilbewirtschaftet/Selbstversorgung): 79283 Bollschweil-Sankt Ulrich, Telefon (0 76 65) 24 30, www.freiburg-hohbuehl.de

- **Streckenlänge:** *21 km (1. Tag), 21 km (2. Tag), 14 km (3. Tag).*

- **Zeit:** *7 Stunden (1. Tag), 7 Stunden (2. Tag), 3,5 Stunden (3. Tag).*

- **Karten:** *Freizeitkarten F 508 (Lörrach/Belchen/Naturpark*

Südschwarzwald) und – für die letzten Meter – F 505 (Freiburg/Kaiserstuhl) im Maßstab 1 : 50 000. Herausgegeben vom Landesamt für Geoinformation und Landentwicklung Baden-Württemberg.

■ **Anschlusshütte/Tourverlängerung ab Wanderheim Berglusthaus des Schwarzwaldvereins:** *Naturfreundehaus Feldberg (Selbstversorgung).*

■ **Öffentlicher Nahverkehr:** *Anfahrt: von Freiburg bis Müllheim mit der Bahn. Dann mit dem Bus bis Badenweiler. Abfahrt: ab Freiburg mit der Bahn.*
Löwen*Line* **(0 18 05) 77 99 66***
Ihre Fahrplanauskunft im Land. 24 Stunden die besten Bus- und Bahnverbindungen erfahren.
*(0,14 €/Min. aus dem dt. Festnetz; höchstens 0,42 €/Min. aus Mobilnetzen)

1. Tag: *Von Badenweiler zum Belchen*

Unsere Wanderung beginnt in Badenweiler (425 m), Haltestelle Kirche an der Sofienstraße. Wir spazieren die Straße etwa 50 m weit zurück, Richtung Cassiopeia Therme, dann geht's scharf nach rechts oben ab und ein

Durch tiefverschneite Landschaft führt unsere Route zum Haldenhof hinunter. Im Hintergrund bereits der Belchen.

Tour 12   Der Schwarzwald

Wegweiser des Schwarzwaldvereins weist uns bereits den Weg Richtung Blauen (blaue und gelbe Raute). Wir passieren das Hotel »Kellner's Spa«, dann wird es waldig. Kurz darauf zweigt die blaue Raute nach links ab und bringt uns unterhalb der Aussichtshütte Sophienruhe wieder auf ein freies Feld. Von der Hütte hat man einen wunderbaren Blick auf die Rheinebene, auf Weinberge und die Ruine Neuenfels.

Hinter der Hütte wird der Weg zum Pfad und bringt uns nun durch den lichten Bergwald in einem langen und stetigen Aufstieg (650 Höhenmeter auf 5 km) hinauf zum Fischersbrunnsattel (1070 m) – kurz vor dem Sattel müssen wir noch die Straße K 4948 queren. Unterwegs passieren wir den Altemannfels und die Aussichtshütte Prinzensitz. Wer eine gute Kondition hat, steigt vollends zum Blauen-Turm auf dem Blauen hinauf (hin und zurück ein zusätzlicher Weg von 1,5 km).

Ab hier folgen wir der roten Westweg-Raute. Noch 15 km bis zum Belchen. Es geht nun 1 km gemütlich bergab, zuerst auf einem Forstweg, von dem man immer wieder Blicke auf den Blauen hat. Dann wird der Weg zum Pfad, der uns zur Wegkreuzung Egerten (923 m) bringt. Wir queren die Straße. Eine schöne Grillmöglichkeit mit Hütte befindet sich hier.

Auf einem Forstweg wandern wir wenige Meter weiter, bevor dann ein Pfad nach rechts, den Hang hinauf, abgeht. Die rote Raute ist weiterhin unser Wegzeichen. Der Waldpfad verläuft nun 3 km weit oberhalb eines Forstweges und parallel zu diesem, bevor wir auf die Wegkreuzung »Stühle« (1043 m) treffen: Noch 10 km bis zum Belchen.

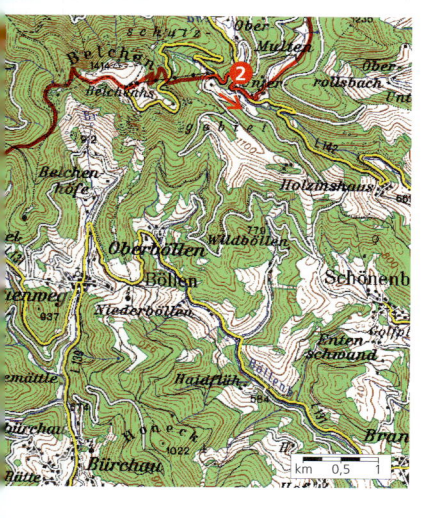

Weiter geht es auf einem Forstweg, der roten Raute folgend. Wir erreichen nach 1 km die Kreuzung Spähnplatz und nach weiteren 2 km den Wanderparkplatz Kreuzweg, der an der Straße L 131 liegt. Wir überqueren die Straße, lassen den Lift links liegen und wandern hier, nun der gelben Raute folgend, über freies Feld den Hang bis zum Waldsaum rechts hinauf. Dann verschwindet der Weg im Wald und wird zum Pfad.

Die Pfadabzweigung zum Weiherkopf ignorieren wir, wandern nach rechts und stoßen auf die L 131. Dieser folgen wir ein kurzes Stück zurück, Richtung Parkplatz Kreuz-

Abendstimmung: kleine Pause beim Anstieg kurz unterhalb des Belchengipfels.

weg, bevor dann gleich darauf der Wanderpfad nach links abgeht und uns zur Straßenkreuzung und dem Gasthof »Haldenhof« hinunterbringt (929 m). Der große Berg linker Hand ist unser Ziel: der Belchen.

Wir wandern am Haldenhof vorbei. Direkt hinter der Straßenkreuzung müssen wir nach links hinauf, zu zwei Ferienhäusern (nun wieder rote Raute). Hier war es für uns nicht leicht, den Wegverlauf auf der Karte vor Ort genau wiederzufinden. Kein Problem: Wir sind einfach unterhalb der Ferienhäuser weitermarschiert und dann wenige Meter am Waldsaum zum Parkplatz »Heubronner Eck« hinuntergegangen.

Ab hier ist die Orientierung wieder sehr einfach. Die rote Raute führt uns über 4 km und 500 Höhenmeter hinauf zum Belchen. Zuerst geht es noch auf Forstwegen am Waldsaum entlang. Nach 1 km verschwindet der Weg im Wald und wird dann zu einem steil ansteigenden Pfad. Wir passieren eine Schutzhütte. Kurz danach wird das Gelände wieder offener und wir kommen an eine Pfadabzweigung.

Hier hat man nun zwei Möglichkeiten, um zum Belchen aufzusteigen. Wir nehmen die Variante über den Hohen Kelch (1264 m). Der Pfad führt an Viehweiden vorbei, die Vegetation wird immer spärlicher. Schauen wir zurück, nach Süden, sehen wir bis zu den Schweizer Alpen. Über einen Kamm erreichen wir dann die Hochebene des Belchen (1414 m).

Der Belchen ist nach Feldberg, Seebuck und Herzogenhorn der vierthöchste Berg des Schwarzwaldes und des Landes. Auf ihm verlief bis ins 19. Jahrhundert hinein die Grenze zwischen Baden und Österreich. Der Belchen steht seit 1949 unter Naturschutz, da auf ihm seltene Käfer-, Vogel- und Schmetterlingsarten zu finden sind. Gleiches gilt für die Flora, zu der auch Relikte aus der Eiszeit gehören, die sonst nur in den Alpen zu finden sind. Genannt seien hier die Gebirgsrose und diverse Flechtenarten.
Das sogenannte Belchenkonzept versucht modellhaft Tourismus und Naturschutz zu vereinen. Das ist nicht immer einfach, da jährlich bis zu 300 000 Besucher den Belchen mit Skiern, Seilbahn und zu Fuß »heimsuchen« – unter anderem wir.

Entlang der südlichen Bergflanke wandernd (tolle Ausblicke), erreichen wir die Bergstation und das Belchenhaus, eine urgemütliche Gastwirtschaft, in der man leider nicht übernachten kann. Wie wir weiterwandern, hängt nun von unserer Übernachtungsgelegenheit ab. Nächtigen wir im Bergwachthaus, folgen wir der Raute.

Übernachten wir in der Dießlin-Hütte, wandern wir einfach die Piste zur Talstation der Gondelbahn hinunter (natürlich vorausgesetzt, es ist kein Liftbetrieb mehr). Von der Gondelbahn gehen wir die Zufahrtsstraße bis zur T-Kreuzung hinunter. Hier wandern wir nach rechts, Richtung Schönau. Nach 200 m, entlang der

Straße, steht dann rechts die Dießlin-Hütte des Schwarzwaldvereins. Wo der Hüttenschlüssel deponiert ist, erfährt man vom Hüttenwart, bei dem man die Plätze bucht. Wer keine Lust hat, selbst zu kochen, kann im »Jägerstüble« (Talstation Gondelbahn) oder im Hotel »Belchen« (etwa 400 m von der Hütte, Untermulten) ordentlich essen.

2. Tag: *Von der Dießlin-Hütte zum Berglusthaus*

Wir verlassen die Dießlin-Hütte und wandern am linken Rand der Fahrstraße hinunter zum Hotel »Belchen«. Vorsicht vor dem Zugangsverkehr zur Gondelbahn. Wir wandern am Hotel vorbei, weiter entlang der Straße. Nach 150 m geht ein Sträßchen nach links ab. Die gelbe Raute führt uns nun an zwei alten Schwarzwaldhöfen vorbei in ein stilles und schönes Weidetal. Es geht stetig leicht bergan, erst 500 m auf der linken Talseite, dann 500 m auf der rechten Seite.

Am Ende des Tals fällt dann kurzzeitig bei einer Weggabelung die Orientierung aufgrund des fehlenden Wegzeichens etwas schwer. Die rechte Wegabzweigung bergan ist die richtige Wahl. Dann quert ein Forstweg unsere Route. Geradeaus weiter auf dem Pfad, der weiter bergan durch den Wald führt. Wieder kein Wegzeichen, dafür ein altes, gelbes, verwittertes Trimm-dich-Pfad-Schild. Nach 200 m erreichen wir dann, direkt an der Straße K 6341 gelegen, die Wegkreuzung »Lückle«.

Hier überqueren wir die Straße, denn unser Pfad findet direkt auf der anderen Straßenseite seine Fortsetzung. Es geht weiter durch den Wald, erst auf Pfaden, dann auf Forstwegen, zum Wiedener Eck. Parallel dazu die K 6341. Nach 1 km stößt der Weg aus dem Wald. Hier hat man nun einen 180-Grad-Panoramablick auf die Höhen und Täler rund um den Feldberg. Kurz nach dem Lift verläuft der Weg dann nochmals ein kleines Stück im Wald, bevor er dann über offenes Feld hinunter zum Wiedener Eck (1035 m) führt. Das Hotel »Wiedener Eck« mit Gaststätte bietet hier die Gelegenheit zu einer kurzen Pause.

Nun müssen wir die Straße überqueren. Die rote Raute führt uns wieder bergan – ein kurzes Stück durch den Wald, dann queren wir offenes Hanggelände, dann wieder durch den Wald. Die Route beschreibt eine Rechtskurve und bringt uns nach 500 m zu einem Wegkreuz, kurz vor einem Gehöft. Hier ist nun eine ganz kurze Routenänderung ausgeschildert, die das Gehöft auf Sichtweite rechts umgeht, statt über dessen Gemarkung zu verlaufen. Nach 100 m geht es dann nach links, zwischen zwei Weiden hinauf Richtung Hörnle. Wer möchte, macht einen kurzen Abstecher zu diesem schönen Aussichtspunkt.

Wir wandern auf einem Forstweg weiter und orientieren uns weiterhin an der roten Raute. Nach 1 km stoßen wir auf die Wegkreuzung »Auf den Böden« (1200 m). Eine kleine Schutzhütte lädt zur Rast ein. 9 km haben wir nun hinter uns, etwa 12 km liegen noch vor uns. Links von der Hütte geht unser Weg (rote Raute) Richtung Halde weiter. Nach einem

Aussicht unterhalb des Hörnle auf den Schwarzwald und die Alpen.

guten Kilometer wechselt dann das Wegzeichen. Die rote Raute geht nach rechts ab, Richtung Feldberg, wir folgen aber nun der blauen Raute geradeaus weiter, Richtung Halde/Schauinsland.

Nach 1,5 km verlassen wir den Wald und stoßen auf offenes Gelände. 300 m weiter erreichen wir einen Wegweiser, der mit einer gelben Raute Richtung Gießhübel weist. Wir ignorieren ihn, halten uns rechts und marschieren bis zur Straße L 124 vor. Nun wandern wir wenige Meter an deren linker Seite bis zum Parkplatz weiter und überqueren hier die Straße. Dann gehen wir an der rechten Seite der Straße weiter. Rechts ein kleines Wäldchen und dahinter der Schauinsland mit Turm.

Gleich danach müssen wir wieder die Straße überqueren und wandern dann zu einem Bauernhof hinunter (blaue Raute). Hinter dem Anwesen passieren wir ein Windrad. Das Wegzeichen bringt uns zu einem weiteren Bauernhof hinunter. Ein Feldweg führt dann von dort vollends zum Gießhübel (1056 m) bzw. zur dortigen Straßenkreuzung

Der dritte Gebirgszug während der heutigen Etappe: die Vogesen.

(K 4957/K 4958). Wir gehen nun 150 m entlang der K 4957 bergan.

Dann führt uns die blaue Raute durch den Wald steil zur Wegkreuzung Eduardshöhe (859 m) hinunter. Dort folgen wir der Ausschilderung auf einem asphaltierten Weg zum 1 km entfernten Berglusthaus, um den Geißenfelsen herum.

3. Tag: *Vom Berglusthaus nach Freiburg*

(Heute Morgen beim Bezahlen Folgendes nicht vergessen: Da wir Kurtaxe zahlen müssen, haben wir Anspruch auf die sogenannte KONUS-Karte. Mit dieser können wir dann heute den kompletten Nahverkehr im Südschwarzwald kostenlos benützen. Eventuell wichtig für die Planung der Rückfahrt.)

Die heutige Tagesetappe nach Freiburg hinunter ist relativ kurz, so dass noch genügend Zeit für einen Stadtbummel eingeplant werden kann. Wir wandern den gleichen Weg

Horben und gehen geradaus, quasi parallel zur Fahrstraße nach Langackern (wer möchte, ab hier ohne die Karte F 505). Gleich hinter dem Dorfeingang geht's nach links ab. Die Luisenhöhestraße führt uns zum Hotel »Luisenhöhe«. Wenige Meter weiter stehen wir dann am Waldrand. Hier geht's links ab und die blaue Raute führt durch Wald auf Pfaden ins 4 km entfernte Freiburg hinunter – ein Abstieg von ungefähr 200 Höhenmetern.

Am Fuße des Kreuzkopfs angekommen (385 m) wandern wir auf der Kreuzkopfstraße einen knappen Kilometer stadteinwärts. Dann gehen nach links der Kapellenweg und unser Wegzeichen ab, denen wir folgen. Der Kapellenweg wird zum Bergleweg und nach 1,5 km erreichen wir das schöne Lorettobad, das im Sommer zum Sprung ins kühle Nass einlädt. Gegenüber des Schwimmbad-Parkplatzes beginnt die Schwimmbadstraße (Lorettostraße überqueren).

Folgen wir dieser 1 km, stoßen wir auf eine der Hauptverkehrsadern der Stadt, die Kronenstraße. Hier nach rechts. Nach 500 m treffen wir auf die große Kreuzung an den zwei Kronenbrücken. Hier überqueren wir die Dreisam. Auf der anderen Seite angelangt haben wir nun die Möglichkeit, den Hauptbahnhof via Wilhelmstraße (halblinks) direkt zu erreichen oder noch einen Abstecher in die Altstadt zu unternehmen. Deren westliche Seite erreichen wir via Werthmannstraße (geradeaus).

zur Eduardshöhe zurück. Dort geht's dann zum mit Flechten bewachsenen Geißenfelsen hinauf. Der kurze Anstieg entschädigt mit einer schönen Aussicht auf die gegenüberliegenden Vogesen und die Rheinebene. Rechts hinter uns der Schauinsland.

Dem Wegzeichen blaue Raute folgen wir nun via Eckhof etwa 3 km nach Horben hinunter. Der Katzentalweg bringt uns auf die Dorfstraße. Auf dieser durchqueren wir dann

Unsere Wanderung endet in Freiburg, das man im Anschluss besichtigen sollte.

Freiburg entstand wie so viele andere Städte als kleine Ansiedlung unter einer beschützenden Burg. Diese erbauten die Zähringer 1091 auf dem Schlossberg. Dank der günstigen Verkehrslage, des Marktrechts und der Silbervorkommen im Schwarzwald entwickelte sich die Stadt schnell, was auch zum Bau des Münsters führte. 1457 wurde die Universität gegründet. Der Dreißigjährige Krieg bedeutete auch für Freiburg eine schreckliche Zäsur. Zerstörung, Krankheit und Belagerungen führten zu einer Dezimierung der Bevölkerung auf rund 2000 Menschen. Nach 1697 wechselte Freiburg mehrfach zwischen Österreich und Frankreich. 1805 gliederte Napoleon Freiburg ins neu geschaffene Großherzogtum Baden ein. Von 1945 bis 1952 war Freiburg Hauptstadt des Landes Baden.

Weitere Infos gibt es bei der Tourist Information, Rathausgasse 33, 79098 Freiburg, Telefon (07 61) 38 81-8 80, www.freiburg.de

Schluchten, Seen, Wasserfälle: Das Beste vom Hochschwarzwald

Rötenbach – Wutachschlucht – Kappel – Franzosenkreuz –
SV-Wanderheim Hochfirst *– Titisee – Seebachtal – Raimartihof –*
Feldsee – **NFH Feldberg** *– Feldberg – Hochtal – Albwasserfall –*
Windgfällweiher – Schluchsee

Während unserer Tour erleben wir den Hochschwarzwald wie aus dem Hochglanzwerbeprospekt. Wir lernen tolle Wildfluss-Schluchten kennen, erklimmen hohe Berge, können uns in tiefen Bergseen abkühlen und durchwandern sattgrüne Hochweiden und dunkle Gebirgswälder. Am ersten Tag wandern wir durch die Rötenbachschlucht hinunter zum Wildfluss Wutach. Dann geht's steil hinauf zum Hochfirst und seinem weiten Ausblick. An Tag 2 kommen wir hinab zum tiefblauen Titisee. Von dort geht's zum höchsten Berg des Landes, dem Feldberg. Am letzten Tag lernen wir den tosenden Albwasserfall kennen, den wir durch das moorige Hochtal erreichen. Von dort geht's dann zum Endpunkt, dem Schluchsee.

- **Übernachtung:** *Wanderheim Fürstenberg-Rasthaus des Schwarzwaldvereins auf dem Hochfirst (bewirtschaftet): Berggasthaus »Hochfirst«, Auf dem Hochfirst 10, 79882 Titisee-Neustadt, Telefon (0 76 51) 75 75, www.berggasthaushochfirst.de*

   Naturfreundehaus Feldberg (teilbewirtschaftet/Selbstversorgung): Am Baldenweger Buck, Telefon (0 76 76) 3 36, www.naturfreundehaus-feldberg.de

- **Streckenlänge:** *19 km (1. Tag), 24 km (2. Tag), 21 km (3. Tag).*

- **Zeit:** *6½ Stunden (1. Tag), 7 Stunden (2. Tag), 7 Stunden (3. Tag).*

Der Schwarzwald Tour 13

■ **Karten:** *Freizeitkarte F 506 (Titisee-Neustadt/Naturpark Südschwarzwald) im Maßstab 1 : 50 000 oder Wanderkarte WHS (Hochschwarzwald/Feldberg/ Schluchsee) im Maßstab 1 : 35 000 (ohne die ersten 4 km). Herausgegeben vom Landesamt für Geoinformation und Landentwicklung Baden-Württemberg.*

■ **Anschlusshütte/Tourverlängerung ab Naturfreundehaus Feldberg:** *Berglusthaus des Schwarzwaldvereins, Sankt Ulrich.*

■ **Öffentlicher Nahverkehr:** *Anfahrt: von Freiburg oder Rottweil nach Rötenbach mit der Bahn. Abfahrt: ab Schluchsee-Aha mit der Bahn Richtung Freiburg oder Donaueschingen*
Löwen*Line* **(0 18 05) 77 99 66*** 
Ihre Fahrplanauskunft im Land. 24 Stunden die besten Bus- und Bahnverbindungen erfahren. *(0,14 €/Min. aus dem dt. Festnetz; höchstens 0,42 €/Min. aus Mobilnetzen)

1. Tag: *Von Rötenbach zum Hochfirst*

Unsere Wanderung beginnt am Bahnhof von Rötenbach (824 m), einem Ortsteil von Friedenweiler. Links vom ehemaligen Bahnhofsgebäude führt eine Treppe hinunter und bringt uns in den Ellenbergweg. Nach 50 m geht ein Wiesenpfad nach rechts ab. Wir überqueren nun eine Wiese und den Rötenbach, dann geht ein geschotterter Pfad rechts hinauf zur

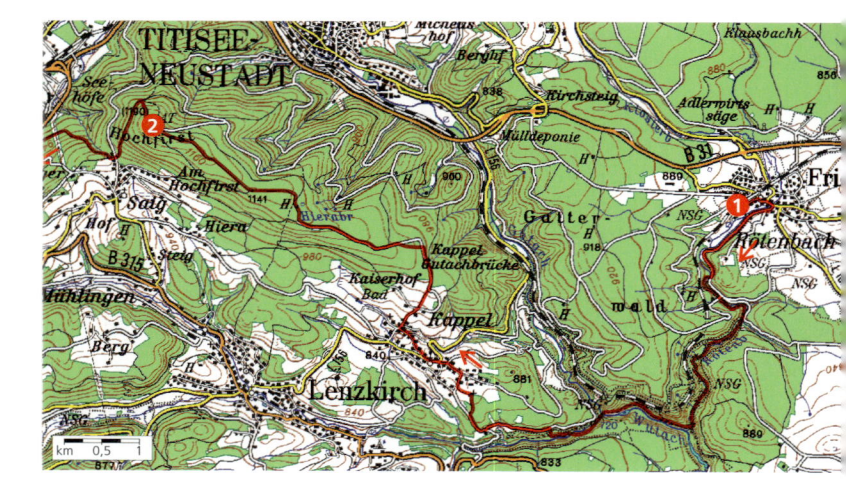

Typischer Schwarzwaldhof auf unserer Route oberhalb von Kappel.

Rötenbachstraße. Diese Straße führt nun aus dem Örtchen hinaus und in den Wald hinein. Rechter Hand fließt der Bach. Nach 1,5 km auf einem geschotterten Waldweg müssen wir dann gemäß dem Wanderzeichen blaue Raute den Bach überqueren.

Nun beginnt eine der schönsten Bachtalwanderungen Deutschlands, obwohl dieser Routenabschnitt noch nicht einmal zum zertifizierten Teil des Schluchtensteigs zählt, der ab der Einmündung in die Wutach beginnt. Das Bachtal ist zuerst noch flach und lieblich. Auf einem unmerklich absteigenden, engen Pfad wandern wir auf der rechten Seite des Gewässers, durch Farnwiesen und entlang von Wassergewächsen und Blumenteppichen.

Dann wird das Tal enger und bewaldeter und der Bach wird breiter. Auf den folgenden 2 km müssen wir den Bach etliche Male auf Stegen überqueren; wir wechseln somit auch die Talseiten. Auf Passagen direkt am Bach folgen steilere Abschnitte, die am Schluchthang entlang, weg vom Bach, bergan bzw. bergab führen.

Diese Wegcharakteristik und die Beschaffenheit des Pfades, der zunehmend mit Baumwurzeln und Steinen gespickt ist, machen das Wandern zwar interessant, aber auch, vor allem bei nasser Witterung, anstrengend und gefährlich. Nach 2 km mündet der Rötenbach dann in die Wutach ein (713 m). Hier liegt auch ein wunderschöner Rastplatz, direkt am Wasser in lichtem Uferwald.

Die Wutachschlucht ist seit 1939 Naturschutzgebiet und wurde vom Schwarzwaldverein für Wanderer erschlossen. In den letzten 70 000 Jahren hat der Fluss eine bis zu 200 m tiefe und 30 km lange Schlucht in die Landschaft gefräst. Die Schlucht gilt als eine der letzten ursprünglichen Wildflusslandschaften Europas.

In trockenen Sommern fließt die Wutach manchmal träge dahin und versickert in niederschlagsarmen Wochen sogar teilweise. Im Winter, nach starkem Regen oder während der Schneeschmelze im Frühjahr schwillt die Wutach zu einem »wütenden« Gebirgsfluss an. Zu diesen Jahreszeiten ist die Schlucht oft nicht begehbar.

Ob die Schlucht aktuell zu passieren ist, erfährt man im Rathaus von Bonndorf unter Telefon (0 77 03) 9 38 00, www.wutachschlucht.de

Übrigens: Die Nachbarschluchten und ihre Gewässer (Gutach, Rötenbach, Gauchach, Haslach) sind genauso toll und gelten teilweise sogar noch als Geheimtipp.

Jetzt wandern wir weiter, auf der rechten Uferseite der Wutach, entgegen der Fließrichtung des Flusses. Wiederum geht es auf flussnahen Pfaden bergan und bergab. Bei schwierigen Passagen helfen Stahlseile und Treppen. Wir befinden uns nun auch auf einem Abschnitt des zertifizierten Qualitätswanderweges »Schluchtensteig«. Neben dem »alten« Wanderzeichen des Querwegs Freiburg – Bodensee, der gelb unterlegten rot-weißen Raute, weist ein extra Schluchtensteig-Zeichen darauf hin. Nach knapp 2 km erreichen wir die Gutacheinmündung (720 m) und überqueren hier diesen Fluss. Hier vereinigen sich die Gutach und die Haslach zur Wutach.

Es zieht nun auf einem Waldweg kurz bergan, bevor es an der rechten Seite der Haslach mit den bereits bekannten Wegcharakteristika weitergeht. Kurz darauf passieren wir den Rechenfelsen, bevor wir dann 1 km weiter, nach dem Hölllochfelsen, die Schlucht auf einem steilen Pfad verlassen. Unsere Wegzeichen: Schluchtensteig und gelb unterlegte rot-weiße Raute.

Der Blick vom Hochfirst auf den Titisee ist wirklich atemberaubend.

Nach kurzem, aber steilem Anstieg erreichen wir an einer Aussichtsbank das Haslachtal-Plateau. Hier wandern wir nach links, bequem auf einem Wirtschaftsweg entlang der alten Bahntrasse, Richtung ehemaliger Bahnhof Kappel. Nach 400 m erreichen wir die Wegkreuzung »Bei der Rauhalde« (820 m). Ab hier folgen wir nun der rot-weißen Querweg-Raute nach rechts bergan Richtung Kappel. Nach 300 m zweigt ein Waldweg nach rechts ab und bringt uns zur Antoniuskapelle. In natura folgen wir hier dem Wegzeichen, auf der Karte verläuft der Weg anders. Noch 7 km bis zum Hochfirst.

Wir wandern via Schützenstraße, Brändestraße und Neustädter Straße/L 156 in das malerische Kappel (889 m) hinein. Dann zweigt nach rechts die Straße »Erlenbachweg« ab. Deren Verlauf folgen wir bergan. Nach 500 m geht das Sträßchen »Am Berg« ebenfalls nach rechts ab. Auf diesem, weiter bergan wandernd, verlassen wir kurz darauf den Ort und gelangen dann, geradeaus dem Wegzeichen folgend, nach weiteren 300 m zum Aussichtspunkt Franzosenkreuz. Von hier geht es auf einem Waldwirtschaftsweg Richtung Hochfirst. Nach 3,5 km erreichen wir einen schönen Rastplatz. Rechts im Wald, auf einer kleinen Lichtung, liegt der Hierabrunnen (Quellwasser!) mit Schutzhütte.

Ab hier folgen wir zwei Wegzeichen, der rot-weißen Querweg-Raute und der roten Mittelweg-Raute mit dem weißen Strich. Nach einem knappen Kilometer erreichen wir, kurz nach der Balzenwaldhütte, die Granitfelsengruppe Vögelesfelsen. Von hier hat man, vorausgesetzt, es ist gerodet und gutes Wetter, einen Blick auf das Urseetal und den Feldberg.

Nach weiteren 2 km auf schattigen Waldwegen ist dann unser Etappenziel, der Hochfirst (1190 m) mit dem Fürstenberg-Rasthaus, erreicht. Hier hat man die Möglichkeit, entweder vom Aussichtsturm oder vom gleich dahinterliegenden Plateau tolle Ausblicke auf den Titisee bzw. den ganzen Südschwarzwald zu genießen.

2. Tag: *Vom Hochfirst zum Feldberg*

Ein Blick auf den vor unserer Unterkunft stehenden Wegweiser (1190 m) zeigt uns, dass wir heute zuerst der rot-weißen Querweg-Raute auf gelbem Untergrund folgen werden. Es geht hinab zum 3,5 km entfernten Titisee (846 m). Wir wandern quasi neben der Rodelbahn bergab. Nach 1 km treffen wir auf eine Wegspinne. Weiterhin folgen wir der Querweg-Raute.

Kurz vor dem See geht der Pfad in ein asphaltiertes Sträßchen über. Bald darauf unterqueren wir die B 317 und die Bahntrasse. Gleich danach wandern wir nach links und folgen nun dem Querweg- und dem Westweg-Zeichen – der roten Raute auf weißem Grund (des Weiteren dem grünen Baum des Main-Neckar-Rhein-Wanderwegs) entlang des linken Seeufers. Links die Bahntrasse.

Nach 1,5 km wunderbaren Uferwanderns mit diversen Bade- und Rastmöglichkeiten ist unser Weg kurz asphaltiert, bevor er als Waldweg wieder im Wald verschwindet und uns erneut zur parallel verlaufenden Bahnstrecke nach Feldberg-Bärental (976 m) und dessen Bahnhof bringt. Mit dem Rücken vor dem Bahnhof stehend, nehmen wir den Tannenweg nach links.

Dieser bringt uns zur Talstraße/K 4962. Auf ihr gelangen wir aus dem Örtchen hinaus und treffen nach 700 m auf die Einmündung zum Seebachweg, der linker Hand ins gleichnamige Tal abgeht. Nun müssen wir die erste Wegabzweigung nach rechts nehmen und die Straße »Rotwasser« zum 200 m entfernten Pferdezuchtbetrieb Michelhof gehen.

Wir wandern am Hofgelände vorbei. Sofort darauf nehmen wir den Waldweg, der nach rechts abzweigt. Nach 600 m erreichen wir die Kreuzung »Am Holzweg«. Hier nach links und durch bzw. aus dem Wald den kombinierten Rad-/Wanderweg zum 1 km entfernten Zipfelhof hinunterwandern. Ab hier hat man bereits wunderbare Blicke durch das Tal auf den Feldberg mit der Wetterwarte. Im Frühling blühen hier schon die Wiesenblumen und auf dem 600 m höheren Feldberg liegt noch Schnee. Gleich darauf erreichen wir die Kunzenwegkreuzung. Hier kurz nach rechts, dann sofort wieder nach links gehen (gelbe Raute).

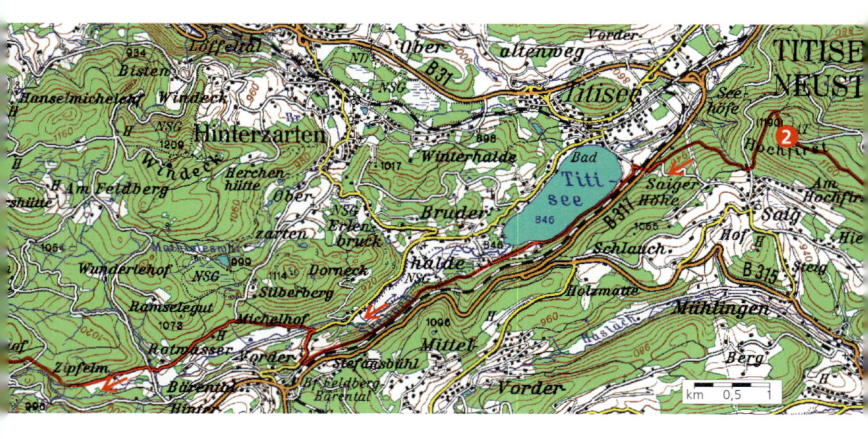

Nach 400 m passieren wir die Zipfelmühle. Unsere Route geht wieder in den Wald hinein, kreuzt das Seesträßchen, um dann 400 m später aus dem Wald kommend direkt auf den 300 Jahre alten Raimartihof (1110 m) zuzusteuern. Der alte Bauernhof lädt mit seinen gemütlichen Gasträumen und seinem Biergarten zur Rast ein. Von hier unternehmen wir einen Abstecher zum berühmten Feldsee (1109 m), der quasi gleich um die Ecke liegt. Ab der Wegspinne am Hof sind es 400 m zum Ufer des Sees.

Die rote Raute und genügend andere Hinweisschilder bringen uns auf einem Pfad durch den Feldberger Bannwald zum kreisrunden Gewässer. Ein Pfad führt um den See. Baden ist wegen der geschützten Wassergewächse übrigens nicht erlaubt. Wir wandern zum Raimartihof zurück. Gleich dahinter beginnt, linker Hand in den Wald führend, der extra beschilderte Feldberg-Steig, ein zertifizierter Qualitätswanderweg (zusätzliche gelbe Raute). Über verwurzelte Pfade gehen wir hinunter Richtung Rinken.

Unser Pfad trifft für kurze Zeit auf den Emil-Thoma-Weg, bevor er dann

Eingerahmt von steil abfallenden Felsen liegt der streng geschützte Feldsee.

Das NFH Feldberg gehört wohl zu den schönsten und gemütlichsten Hütten im Schwarzwald.

nach 300 gemeinsamen Metern nach links abgeht und uns entlang des Sägenbaches kurz, aber steil berganführt. Dann geht ein Pfädchen nach rechts ab, welches uns über Wiesen zum Zufahrtssträßchen bringt, das wiederum zur Baldenweger Hütte und zum Naturfreundehaus Feldberg (1342 m) führt. Gleich darauf ist das Übernachtungsquartier erreicht.

3. Tag: *Vom Feldberg zum Schluchsee*

(Heute Morgen beim Bezahlen Folgendes nicht vergessen: Da wir Kurtaxe zahlen müssen, haben wir Anspruch auf die sogenannte KONUS-Karte. Mit dieser können wir dann heute den kompletten Nahverkehr im Südschwarzwald kostenlos benützen. Eventuell wichtig für die Planung der Rückfahrt.)

Der heutige Wegeinstieg liegt hinter dem Naturfreundehaus. Die blaue Raute führt uns zuerst über Serpentinen in den immer lichter werdenden Wald, dann auf einem Pfad aus diesem heraus und in einer langgestreckten Rechtskurve auf den Feldberggipfel (1493 m) hinauf. Alpines Flair ist nun spürbar – windzerzauste Sträucher, highlandartige Wiesen und Weiden und nur noch vereinzelte Bäume (Baumgrenze) säumen unseren Weg.

Tour 13 Der Schwarzwald

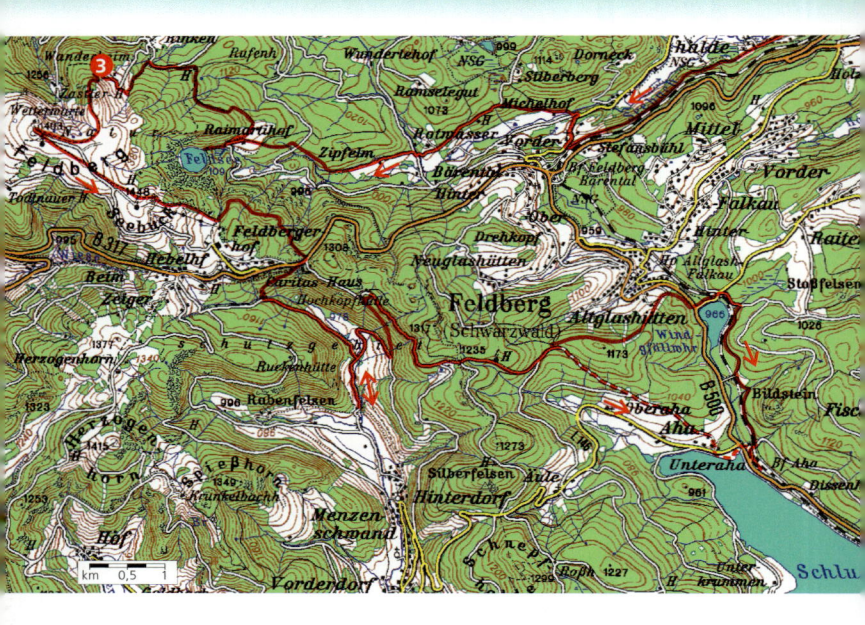

Der Feldberg ist der höchste Berg Baden-Württembergs und mit 42 Quadratkilometern zugleich das größte Naturschutzgebiet im Land. Im »Haus der Natur« kann man sich direkt vor Ort über dieses Schutzgebiet erkundigen.

Auf dem Feldberg findet ein exemplarischer Kampf zwischen Naturschutz und Tourismus statt. Mit Funktürmen bestückt und touristisch stark frequentiert, gilt vor allem der nördliche Teil des Berges nicht gerade als Inbegriff romantischer Abgeschiedenheit. Im Winter kann man auf dem östlich gelegenen Teil wunderbar Ski fahren. Die Liftanlagen und die Planungen für neue Pisten sind Naturschützern natürlich ein Dorn im Auge.

Informationen gibt es beim Haus der Natur, Dr.-Pilet-Spur 4, 79868 Feldberg, Telefon (0 76 76) 93 36 30, www.naz-feldberg.de

Auf dem Plateau geht unser Pfad in eine asphaltierte Straße über, die zur Wetterwarte bzw. zum Gipfel führt. Diese Straße wandern wir nachher zurück, lassen den Einmündungspunkt unseres vorherigen Pfades links liegen und gehen rund 100 m weiter auf dieser Straße, bevor dann nach rechts wiederum ein Pfad abgeht. Dieser Pfad gehört zum Feldbergsteig und ist entsprechend beschildert (zusätzlich rote Raute und E 1).

Nach 1 km erreichen wir den Grüblesattel mit umfangreicher Beschilderung. Hier wandern wir nicht

Der spektakuläre Albwasserfall ist nur einer der Höhepunkte des dritten Tages.

Passt das Wetter und die Temperatur, ist ein abschließender Sprung in den Schluchsee eigentlich ein Muss.

zum Seebuck hoch, sondern direkt weiter, auf dem mit E 1 beschilderten Weg Richtung Feldbergbahn-Talstation. Direkt hinter der Talstation geht nach links der Ernst-Maurer-Weg ab. Auf diesem wandern wir nun Richtung Caritas-Haus. Nach 1,5 km liegt auf der rechten Seite ein kleines Hochmoor (1160 m). Kurz darauf nach rechts hinauf zur B 317 wandern, die gleich darauf erreicht ist. Hier müssen wir nun die Straße überqueren und wandern am deren linker Seite etwa 150 m Richtung Feldberg.

Kurz nach dem Caritas-Haus geht es dann linker Hand bergab. Das Wegzeichen ab hier und hinunter: Blaue Raute. Noch 3,5 km zum Albwasserfall. Auf schmalen Pfaden wandern wir zuerst durchs lichte Unterholz, später durch den Wald ins Albtal hinunter. Nach 600 m des Abstiegs stößt der Pfad auf die Alb, die hier auch überquert wird. Dann geht es nach links, auf Waldwirtschaftswegen weiter bergab. Nach weiteren 700 m stößt der Weg aus dem Wald und ermöglicht einen ersten wunderbaren Blick auf das moorige Hochtal (1000 m).

An dessen rechter Talseite verläuft nun der geschotterte Weg gemächlich bergab. Nach 500 m links die sogenannte Klusenmoräne, ein Überbleibsel eines Eiszeit-Gletschers. Kurz darauf eine Wegabzweigung nach links, über eine Brücke. Hierher müssen wir nachher zurück! Zuerst aber wandern wir vollends zum Albwasserfall, den wir nach weiteren 600 m erreichen. Die eigentliche Attraktion ist hier aber nicht der »eine« Wasserfall, sondern der mit Stegen, Treppen und Stahlseilen abgesicherte Weg durch das wilde Tal des tosenden Bachs. Etliche Bänke und Plätze laden zur Rast ein.

Dann wandern wir zu der Brücke an der Wegabzweigung zurück und überqueren die Alb. Wir folgen dem Verlauf des geschotterten Weges, der, nun ohne Wegzeichen, eine Rechtskurve beschreibend 800 m die unbewaldete Talseite hinauf zum Bergwald führt. Am Waldsaum trifft dieser Weg nun auf einen Weg, der von Menzenschwand heraufkommt. Wir wandern scharf nach links und nehmen diesen Weg.

Nach 700 m Bergan treffen wir auf den mit der blauen Raute beschilderten Wanderweg E 1: Nach rechts und auf dem mit der blauen Raute markierten europäischen Fernwanderweg leicht bergan weiterwandern. Noch 6 km bis zum nächsten Ziel, dem Windgfällweiher. Wir erreichen die Hochweide Farnwitte (1235 m) und weiter geht's, der blauen Raute folgend, Richtung Wegkreuzung Holzmatte und Altglashütten. An der kurz darauf folgenden Wegkreuzung geradeaus weitergehen. Nach 1 km erreichen wir die Weggabelung »Holzmatt«, gleich darauf die Wegkreuzung »Lachenrütte« (1131 m).

Wer will, kann hier die Tour abkürzen und direkt nach Aha/Schluchsee hinunterwandern (blaue Raute). Wir machen aber noch einen Abstecher zum Windgfällweiher. Dafür wandern wir wenige Meter nach links und stoßen auf die Wegkreuzung »Hohlgasse«. Hier nach rechts, aber nicht den Weg nach Altglashütten nehmen, sondern den beschilderten Weg zur Fuchsfarm.

Nach 1,5 km passieren wir die Fuchsfarm, halten uns rechts und wandern entlang der rechten Seite der B 500. Nach 400 m überqueren wir die B 500 und stehen vor dem Windgfällweiher (966 m), einem von Besucherströmen unberührten kleinen, urwüchsigen See mit etlichen Bademöglichkeiten (in der kleinen Badeanstalt oder kostenlos irgendwo am Ufer). Nach einer Rast wandern wir am nördlichen Ufer weiter.

Auf der rechten Seite der K 4990 überqueren wir Gleise, um dann gleich nach rechts zu wandern, in den Wald hinein. Jetzt gehen wir parallel zu den Gleisen der Dreiseenbahn ins nur noch 2 km entfernte Schluchsee-Aha (blaue Raute). Kurz vor dem Ort müssen wir noch die Gleise überqueren. Der Bahnhof liegt dann 200 m weiter (Straße: »Vorderaha«). Ein Bad im Stausee (930 m) bietet sich hier zum Schluss nochmals an.

Bodensee und Westallgäu

Der Bodensee liegt im südlichsten Zipfel Baden-Württembergs, direkt an den Grenzen zur Schweiz (Kantone Sankt Gallen bzw. Thurgau) und Österreich (Vorarlberg), dem sogenannten Alpenvorland. Im Norden bzw. Nordosten grenzen das württembergische Allgäu und Oberschwaben an. Die territorialen Anteile des Sees sind grenzübergreifend verteilt, wobei der deutsche Anteil (mit den Bundesländern Baden-Württemberg und Bayern) etwa 65 Prozent ausmacht. Rund 2,5 Millionen Menschen leben an den Ufern und den umliegenden Regionen des Sees. Konstanz ist mit 75 000 Einwohnern die größte Stadt am See.

Der See wird in mehrere Gebiete unterteilt. Der große Obersee erstreckt sich ab Bregenz gut 63 km nach Westen. Überlinger See im Norden und Untersee im Süden – getrennt durch den Bodanrück – bilden den westlichen Bodensee. Der Fluss »Seerhein« verbindet bei Konstanz Ober- und Untersee. Konstanz hat somit zwei Häfen, Obersee- und Unterseehafen. Den Übergang vom Bodensee in den Hochrhein, zwischen Höri und Stein am Rhein, nennt man Rheinsee. Knappe 300 km beträgt die Uferlänge des gesamten Bodensees.

Die größten Inseln im Bodensee sind die Inseln Mainau (Blumeninsel), die Insel Reichenau und die Stadtinsel Lindau. In Europa liegt der Bodensee bezüglich seiner Fläche auf Rang drei (hinter Genfer See und Plattensee).

Geologie

Der Bodensee entstand ungefähr 20 000 v. Chr. durch einen Vorstoß des sogenannten Rheintalgletschers. Dieser mächtige alpine Gletscher grub mit seiner ganzen geologischen Kraft das Becken des heutigen Bodensees in die Molasseschicht. An seiner tiefsten Stelle ist der See 254 m tief. Das Bodenseebecken wird heute hauptsächlich durch den Zufluss des Alpenrheins gespeist. Damit die Seebuchten nicht verlanden, müssen die eingeschwemmten Sedimente regelmäßig an den Flusseinmündungen ausgebaggert werden. Laut pessimistischen Prognosen ist der Bodensee aber trotz dieser Sisyphosarbeit in 20 000 Jahren komplett verlandet.

Das württembergische bzw. westliche Allgäu ist noch in weiten Teilen von einer hügeligen Seen- und Waldlandschaft wie im angrenzenden Oberschwaben geprägt. Beide Landschaften gehören zum Alpenvorland, dessen Formung erst vor rund 20 000 Jahren in der jüngsten Eiszeit Gestalt annahm. Die Gletscher waren dabei tonangebend – als Ausformer bei den Seen und Tobeln und als Sand-, Schotter- und Kiestransporteur nach Oberschwaben hinein.

Geschichte

Die berühmten Pfahlbauten bei Unteruhldingen sind natürlich eines der touristischen Highlights der Bodenseeregion und »der« geschichtliche Fingerzeig. Der historische Hintergrund dieser rekonstruierten Anlage verweist bis in die Jungsteinzeit (bis etwa 3000 Jahre v. Chr.) zurück. Die Kelten siedelten rund 800 v. Chr. am See. Als bekanntester keltischer (später auch römischer) Siedlungsort gilt Bregenz (Brigantium). Julius Cäsar gliederte den Bodensee nach dem Sieg über die Helvetier in das römische Reich ein. Konstanz (Constantia) war eine wichtige römische Siedlung.

Nach dem Ende der römischen Herrschaft siedelten die Alemannen am See. Nach deren Christianisierung durch Mönche aus Irland und Schottland Anfang des 7. Jahrhunderts gewann die gesamte Region durch Klostergründungen z. B. in Sankt Gallen und auf der Insel Reichenau an Bedeutung. Konstanz wurde gar Bischofssitz.

Übrigens: Die kleine Ortschaft Bodman, am Untersee gelegen und in früheren Zeiten von gewisser Bedeutung, da alemannischer Herzogssitz und später fränkische Königspfalz, scheint wohl Namensgeber für den See zu sein. In die Zeit der Herrschaft der Staufer, im 12. und 13. Jahrhundert, fielen die Gründung und der Ausbau so wichtiger Städte wie Meersburg, Schaffhausen oder, im oberschwäbischen Hinterland, Tettnang.

In den folgenden Jahrhunderten waren die Regionen um den Bodensee immer wieder Opfer der unübersichtlichen Gemengelage und Ränkepolitik innerhalb des Heiligen Römischen Reiches Deutscher Nation. Wechselnde Grenzziehungen, Landeszugehörigkeiten und Allianzen waren an der Tagesordnung. Einzige Konstante in dieser Zeit war das ständige Bestreben der Schweizer, sich durch Sonderabmachungen mit den jeweiligen Herrschenden ihre regionale Hausmacht zu sichern.

Nach dem sogenannten Schwabenkrieg zwischen dem Hause Habsburg und dem Schwäbischen Bund auf der einen und der Schweizer Eidgenossenschaft auf der anderen Seite wurde 1499 im Frieden von Basel die noch heute geltende Grenzziehung zur Schweiz beschlossen. Damit fand der lang andauernde Ablösungsprozess der immer auf ihre Unabhängigkeit achtenden Schweizer Kantone vom großen Nachbarn im Norden einen vorläufigen Höhepunkt. Der Dreißigjährige Krieg und die Pest hinterließen in der gesamten Region eine Spur der Verwüstung. Eines der Resultate des Wiederaufbaus waren die barocken Kirchen, Klöster und Prachtbauten.

Seit dem 19. Jahrhundert erlebte die Bodenseeregion einen Aufschwung als Knotenpunkt wichtiger Verkehrslinien. Genannt sei hier der 1884 eröffnete Arlbergtunnel. Mit dem Beginn der motorisierten Schifffahrt – 1824 fuhr das erste Dampfschiff – wurde diese Entwicklung unterstützt. Der Tourismus erlebte so eine erste zarte Blüte und durch die bessere Verkehrsanbindung war es nun auch für die Industrie attraktiv, sich am See anzusiedeln. So erhob sich 1900 der erste Zeppelin über Friedrichshafen.

Nach den beiden großen Kriegen erkannten die drei Anrainerstaaten die Zeichen der Zeit und arbeiteten zusammen. Das war auch bitter notwendig, stand der See doch durch ungeklärte Abwässer und Phosphateinleitungen kurz vor dem Umkippen. So kam es 1972 zur Gründung der Internationalen Bodenseekonferenz, eines Forums für Zusammenarbeit der an den Bodensee grenzenden Länder.

Heute ist der Bodensee eines der beliebtesten touristischen Ziele in

Baden-Württemberg. Anscheinend gelingt es in der Region perfekt, die ökonomischen (intensiver Wein-, Obst- und Gemüseanbau, Tourismus und Industrie) mit den ökologischen Interessen (größter Trinkwasserspeicher Europas, viele Naturschutzgebiete) unter einen Hut zu bringen.

Die Römer (Provinz »Raetia«), die Alemannen und die Franken hatten in Oberschwaben und im Allgäu bereits Geschichte gemacht, bevor die Adelsgeschlechter der Habsburger, Staufer, Welfen und der Klerus jeweils versuchten, die Oberhand zu erlangen. Oberschwaben stand dabei aufgrund seiner Lage und landwirtschaftlichen Fruchtbarkeit immer etwas mehr im Fokus (z. B. Bauernkrieg). Seit 1815 gehört Oberschwaben zu Württemberg, während das Allgäu zwischen Bayern und Baden-Württemberg aufgeteilt ist.

Klima, Flora und Fauna

Der Bodensee bzw. seine große Wasserfläche schafft sich in gewissem Rahmen sein eigenes Klima. In Verbindung mit dem Föhn, dem warmen Fallwind aus den Alpen, wird so eine relativ milde Durchschnittstemperatur erzeugt, die aber mit Nebel im Winter und Schwüle im Sommer einhergeht. Der Föhn ist es auch, der vor allem für die bei den Wassersportlern so gefürchteten plötzlichen Wetterwechsel verantwortlich ist. Von den Alpen kommend, breitet er sich durch das Rheintal auf den Bodensee aus und treibt dann meterhohe Wellen vor sich her.

Durch den intensiven Anbau von Wein, Obst und Gemüse beherrschen die Plantagen und Obstwiesen natürlich vordergründig das botanische Bild rund um den See. Doch man wies viele Naturschutzgebiete aus und sorgte so dafür, dass seltene Pflanzen und Bäume einen Schonraum erhalten. Dazu gehören z. B. die Wälder auf dem Bodanrück. In den Rieden findet man seltene Enzian-, Lilien- und Orchideenarten.

Der Bodensee und hier vor allem wieder die Riede gelten als wichtiger Überwinterungsraum für rund eine Viertelmillion Vögel wie z. B. den Eisvogel. Dementsprechend ist die Region auch ein Eldorado für Vogelkundler, die sich in der weithin bekannten Radolfzeller Vogelwarte die Klinke in die Hand geben. An die 400 Vogelarten sind am See ganzjährig anzutreffen, darunter natürlich viele Wasservögel wie Graureiher und viele Entenarten.

Die Berufsfischerei hat am See schon lange nicht mehr die Bedeutung wie früher. Rund 100 Fischer fangen heute noch die so beliebten Felchen, Seeforellen, Barsche und Saiblinge.

In Oberschwaben und im angrenzenden flachen Westallgäu hat die Landwirtschaft noch einen beachtlichen Stellenwert. Die Obst- und Hopfenanbaugebiete gehen praktisch nahtlos in die des Bodensees über. Rückzugsgebiete für Flora und Fauna bilden hier die vielen Waldinseln und Fluss- und Bachtäler.

Von Wangen im Allgäu ans Schwäbische Meer

Wangen im Allgäu – Neuravensburg – Argental – Blumegg –
Wanderherberge Humboldt-Haus Achberg *– Argental –*
Ruine Neu-Summerau – Langenargen – Eriskircher Ried –
NFH An der Rotach, *Friedrichshafen – Friedrichshafen –*
Immenstaad – Hagnau – Meersburg

Von Wangen aus gelangen wir über die sanft gewellten Hügel und die saftigen Weiden des württembergischen Allgäus in das wilde Tal der Argen. Wir durchwandern dieses naturbelassene Flusstal fast völlig, bevor wir am zweiten Tag durch die typischen Bauerndörfchen mit ihren Hopfenanbaugebieten und Streuobstwiesen den Bodensee bei Langenargen erreichen. Dann durchwandern wir die einzigartige Schilflandschaft des Eriskircher Rieds. Am letzten Tag erkunden wir das östliche Bodenseeufer und gelangen zum Schluss ins mittelalterliche Meersburg. Den See können wir auf einer Fährfahrt von dort nach Konstanz nochmals in vollsten Zügen genießen.

■ **Übernachtung:**
Wanderherberge Humboldt-Haus Achberg (bewirtschaftet):
Panoramastraße 30,
88147 Achberg,
Telefon (0 83 80) 3 35,
www.humboldt-haus.de

Naturfreundehaus
»An der Rotach« (teilbewirtschaftet/Selbstversorgung):
Untereschstraße 11,
88046 Friedrichshafen,
Telefon (0 75 41) 2 52 88,
www.naturfreundehaus-fn.de

■ **Streckenlänge:** *20 km (1. Tag), 30 km (2. Tag), 23 km (3. Tag).*

■ **Zeit:** *6½ Stunden (1. Tag), 8 Stunden (2. Tag), 6½ Stunden (3. Tag).*

■ **Karte:** *Freizeitkarte F 529, Östlicher Bodensee/Friedrichshafen/Ravensburg im Maßstab 1 : 50 000. Herausgegeben vom Landesamt* für Geoinformation und Landentwicklung Baden-Württemberg.

- **Anschlusshütte/Tourverlängerung ab Naturfreundehaus »An der Rotach«:** Naturfreundehaus Wollmatinger Ried in Konstanz (erreichbar via Fähre von Meersburg und Friedrichshafen).

- **Öffentliche Verkehrsmittel:** Anfahrt: mit der Bahn nach Wangen. Abfahrt: mit der Bahn ab Konstanz oder Überlingen.
LöwenLine **(0 18 05) 77 99 66***
Ihre Fahrplanauskunft im Land. 24 Stunden die besten Bus- und Bahnverbindungen erfahren.
*(0,14 €/Min. aus dem dt. Festnetz; höchstens 0,42 €/Min. aus Mobilnetzen)

1. Tag: *Von Wangen nach Esseratsweiler*

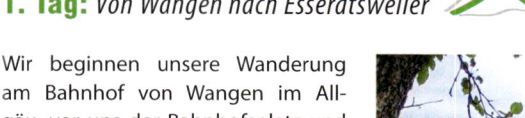

Wir beginnen unsere Wanderung am Bahnhof von Wangen im Allgäu, vor uns der Bahnhofsplatz und der Busbahnhof. Nach rechts in den Kneippweg, gleich darauf leicht links versetzt den Weg »Im Urtel« durchwandern, der auf die L 320/Lindauer Straße trifft. Halten wir uns hier rechts, treffen wir nach etwa 200 m auf den Südring. Auf dem Ring wandern wir nun 400 m und stoßen dann rechter Hand in den Herzmannser Weg, um kurz darauf bei der ersten Abzweigung wiederum nach rechts zu wandern. Unser Wegzeichen ist das rote Kreuz auf weißem Grund.

Nach 1 km ist der Vorort Elitz erreicht (ab hier mit Karte), den wir auf der Elitzer Straße durchwandern. 500 m weiter überqueren wir die K 8005 und wandern dann direkt an der Oberen Argen entlang. Nach 500 m entfernt sich der Wanderweg wieder vom Fluss und steuert den kleinen Weiler Jussenweiler an. Wir

Die Reste der Burg Neuravensburg liegen oberhalb des gleichnamigen Ortes.

durchqueren die Häuseransammlung nicht, sondern wandern praktisch an ihr vorbei, dem Wegzeichen folgend.

Ab hier gehen wir 2 km bis Untermooweiler (550 m) auf einem asphaltierten, kombinierten Rad- und Wanderweg. Unsere Route verläuft hier übrigens direkt an der württembergisch-bayerischen Grenze. Wir wandern auf der Fahrstraße in den Weiler hinein und folgen dem Wegzeichen aus dem kleinen Ort hinaus.

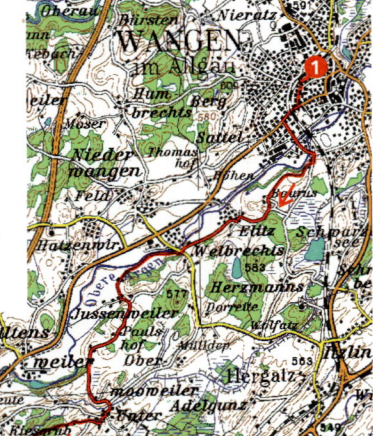

Unsere Route führt 2 km erst durch den Wald, dann am Waldsaum entlang zum ersten Haus von Schwarzenbach (Forstweg). Hier gehen wir nach links, wandern weiter erst im Wald, dann am Waldsaum entlang und stoßen dann nach 500 m auf die Engetsweiler Straße. Hier nach rechts.

Nach 300 m erreichen wir die Bodenseestraße/L 320. Wir gehen nach links und wandern entlang dieser Straße aus Schwarzenbach hinaus und direkt nach Neuravensburg (529 m) hinein (die Orte gehen quasi ineinander über). Gegenüber der Ecke Dorfstraße liegt die alte Kirche. Hier müssen wir nun rechts hinauf zur Ruine Neuravensburg.

Vermutlich wurde die Burg Neuravensburg im 12. Jahrhundert durch die Welfen aus Ravensburg errichtet. Sie war die Keimzelle des gleichnamigen Ortes. Die zunehmend starke wirtschaftliche Konkurrenz der Städte Wangen und Lindau und kriegerische Auseinandersetzungen schwächten den Ort, der wieder zusehends verkümmerte. Davon erholte sich der Standort nur langsam. Im Bauernkrieg 1525 zerstörten die Bauern des Umlandes die Burg. Ab etwa 1613 erfolgte der Wiederauf-

Am Zusammenfluss von Unterer Argen und Oberer Argen kann man wunderbar rasten.

bau. Wechselnde politische Geschicke führten zu vielen Besitzerwechseln. 1836 wurde die Burg schließlich an einen Wangener Bürger verkauft, der das Recht erhielt, sie abzureißen und die anfallenden Baustoffe zu verwerten. Zu Beginn des 20. Jahrhunderts besann man sich vor Ort wieder des historischen Erbes und sicherte die Ruinenreste.
Unter www.buh-neuravensburg.de erfährt man mehr.

Links vom Turm geht es hinunter zur Argen. Der Pfad bleibt wenige Meter direkt am Fluss, bevor er sich wieder entfernt. Wir wandern kurz bergauf zur Autobahnbrücke, unter der wir dann hindurchgehen. Rechts halten, es zieht kurz bergab. Dann kommt von rechts ein Weg. Ab hier wechselt das Wegzeichen – blauer Strich auf weißem Grund. Die folgenden 4 km verlaufen nun auf wunderbaren Pfaden, entlang von Kiesbänken, direkt am Fluss.

Nach Kilometer 2 mündet die Untere Argen in den Fluss, bei Kilometer 3 wechseln wir die Flussseite. Jetzt geht es noch einen knappen Kilometer am Fluss weiter, bevor wir dann rechts zum Weiler Blumegg aufsteigen müssen. Von Blumegg geht es nun wieder hinunter zum Fluss, die folgenden Kilometer verläuft der Weg aber nicht mehr direkt am Ufer, sondern immer etwas oberhalb davon durch den Wald.

Von Blumegg aus erreichen wir so nach 2,5 km den Weiler Flunau, wo wir in einem Biergarten gediegen einkehren können. Danach weist uns das Wegzeichen hinunter zum Ufer, wo wir den Fluss auf einem Steg überqueren. Manche Kiesbank lädt hier auch zum Baden ein. Direkt am Stegende folgen wird dem roten Punkt auf weißem Grund zum Schloss Achberg hinauf. Man kann es besichtigen und einkehren.

Über den Weiler Duznau erreichen wir dann auf dem kombinierten Rad- und Wanderweg (Wangener Straße) nach 2 km den Teilort Esseratsweiler (509 m) der Gemeinde Achberg. Wir wandern auf der Wangener Straße in den Ort hinein. Nach 200 m gehen wir an der Kreuzung Kirchstraße nach rechts in die Panoramastraße. Diese Straße wandern wir bis zu deren Ende vor. Hier liegt die Wanderherberge Humboldt-Haus.

2. Tag: *Von Esseratsweiler nach Friedrichshafen*

Bis zum Steg unterhalb des Schlosses Achberg wandern wir 2,5 km zurück (roter Punkt auf weißem Grund). Am Steg links halten und dem roten Kreuz auf weißem Grund folgen. Die nächsten 2 km, leicht oberhalb des linken Flussufers, gehen wir auf einem Waldweg, dann ist der Weg für 1,5 km asphaltiert. Wir ignorieren alle Abzweigungen nach links und bleiben im Tal, immer begleitet von den berühmten Hopfenanpflanzungen, die diese Gegend neben dem Obstanbau prägen. Kurz vor Oberlangnau jedoch biegt ein Pfad links am Waldsaum ab und wir verlassen die asphaltierte Piste.

Wir wandern oberhalb von Oberlangnau vorbei, immer am Waldsaum entlang. Nach 1 km queren wir die L 331, gehen kurz weiter am Waldsaum, bevor es dann links abgeht, leicht bergauf durch den Wald, und wir folgen wenige Meter dem blauen Punkt auf weißem Grund. Dieses

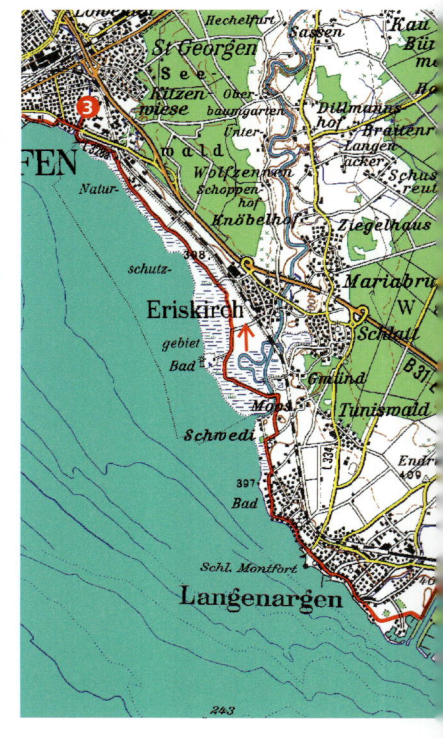

Wegzeichen bringt uns auf den Fahrradweg, der nach Apflau führt. Auf diesem wandern wir nun ohne Wanderwegzeichen bzw. dem Radwegzeichen via Stichstraße zur gut erhaltenen Ruine Altsummerau (500 m), die direkt bei Rattenweiler liegt.

Knapp 2 km weiter liegt Apflau, das wir auf dem Radweg erreichen. Wir treffen linker Hand auf die Straße »Im Ösch«, die in den Ort führt, dann auf die Apflauer Straße und gehen dann nach rechts in den Weidachweg und aus dem Ort hinaus. Nach 100 m dem Radwegzeichen nach links folgen. Kurz darauf erreichen wir wieder die Argen und überqueren diese auf der Gießenbrücke. Nun runter zum Fluss. 6 km geraden Weges sind es nun bis zum Sportboothafen von Langenargen. Links und rechts Obstplantagen, so weit das Auge reicht. Wir gehen direkt am rechten Flussufer der Argen entlang. Wegzeichen: blauer Strich auf weißem Grund.

Am Hafen rechts halten und dann nach links zum Bodenseeufer via Argenweg. So erreichen wir das Sträßchen »Malerecke«, das uns nach Langenargen hineinbringt. Wir

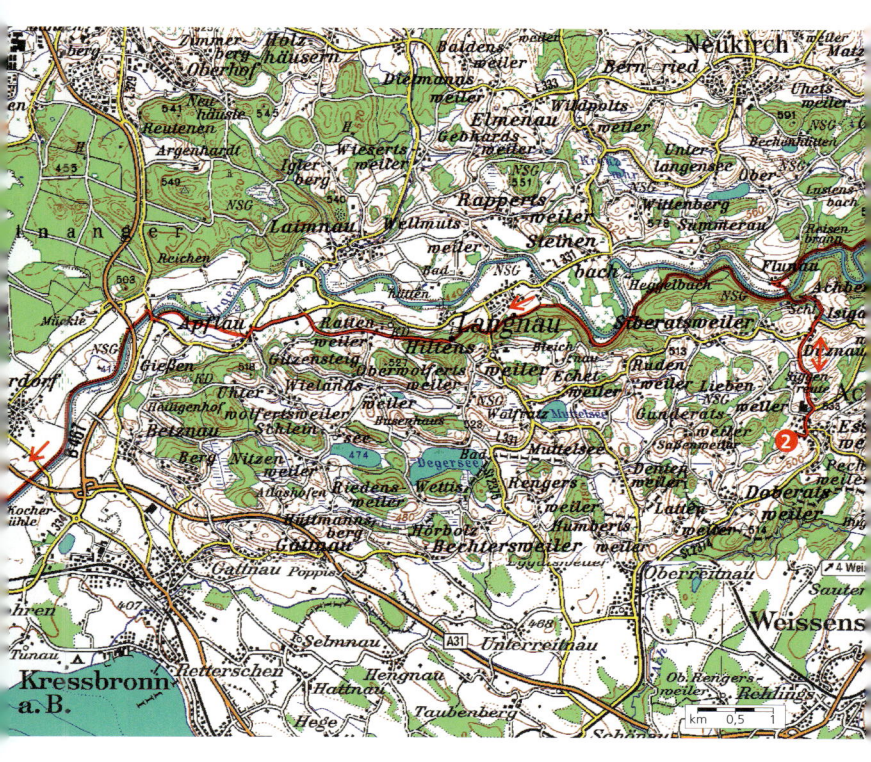

Kulturtempel Schloss Achberg: Neben Allgäuer Essen locken Kunst und Musik.

wandern nun direkt an der Langenargener Uferpromenade (Uferwege, Obere und Untere Seestraße). Nach 2 km verlassen wir den Ort mit der Straße »Schwedi«, überqueren gleich darauf die in den Bodensee einfließende Schussen und befinden uns nun im Naturschutzgebiet »Eriskircher Ried« (401 m).

Das Naturschutzzentrum Eriskirch im gleichnamigen Ort bietet einen ausgezeichneten Überblick über das Naturschutzgebiet. Es liegt in der Bahnhofstraße 24, 88097 Eriskirch. Infos unter Telefon (0 75 41) 8 18 88, E-Mail: info@naz-eriskirch.de, www.naz-eriskirch.de

Das Ried ist erdgeschichtlich gesehen noch relativ jung. Es entstand vor rund 15 000 Jahren aus Flusssedimenten, die sich am Ufer des Sees ablagerten.

Das Ried wurde vom Menschen schon immer wirtschaftlich genutzt. Die Auenwälder dienten als Bauholz, aus dem Schilf wurden Matten geflochten, auf den gerodeten Auwaldgebieten entstanden Obstwiesen und die Fischer nutzen die Flachwasserbereiche des Rieds.

Gleich zu Beginn das Strandbad, das zu einer Abkühlung einlädt. Wegzeichen: schwarz umrandeter blauer Punkt auf weißem Grund (des Weiteren: roter Strich/HW 9 und gelbe Raute/Riedweg). Links von uns die Riedwiesen und der Bodensee, rechts davon Obstanbau und Wiesen. Nach 2,5 km führt eine kleine Wegabzweigung in den Riedwald hinein. 100 m weiter erreicht man so eine Aussichtsplattform mit wunderbarem Blick über die Schilflandschaft auf den Bodensee, auf Friedrichshafen und die Alpen. Kurz darauf sehen wir dann das rechts liegende Don-Bosco-Heim.

Noch 4 km bis Friedrichshafen, dem wir uns entlang der Seewiesenstraße nähern. Kurz vor der Stadt verlassen wir aber diese Straße und biegen nach links in einen Weg ab, der uns nach 400 m direkt zur Rotach-Einmündung (das sogenannte »Rommele«) und dem Badeplatz am Friedrichshafener Campingplatz führt.

Der Eriskircher Weg führt uns zur Hauptverkehrsader Lindauer Straße. Wir können sie auf dem Uferweg der Rotach unterqueren. Direkt hinter der Brücke rechter Hand die Jugendherberge, dann weitere Vereinshäuser, bevor nach 250 m das Naturfreundehaus »An der Rotach« erreicht wird.

Durch die Schilflandschaft des Eriskirchner Rieds führt unser Weg nach Friedrichshafen.

3. Tag: *Von Friedrichshafen nach Meersburg*

Der letzte Wandertag steht ganz im Zeichen des Bodensees, der uns permanent die Möglichkeit zur Abkühlung bietet. Wir wandern direkt an der Rotach zur Lindauer Straße vor, unterqueren diese bei der Brücke und steigen dann zu dieser Straße hinauf. Wir überqueren die Rotach und wandern nun 300 m entlang der Eckenerstraße. Dann zweigt nach links zum Ufer hinunter die »Östliche Uferstraße« ab. Deren Verlauf folgend gelangen wir zum Hafen. Nun wandern wir immer am Seeufer entlang (via Seestraße und Uferstraße) und passieren dabei Yachthäfen, mondäne Restaurants und Villen.

Nach 2 km führt die Uferstraße beim Zeppelinmuseum in die Friedrich- und kurz vor der Schlossanlage in die Olgastraße. Gleich darauf die Werastraße. Auf ihr und der Klosterstraße müssen wir nun die Schlossanlage umwandern. Wir stoßen auf die Schlosskirche: Geradeaus zum Ufer weiterwandern (Wegzeichen: schwarz umrandeter blauer Kreis/ Bodensee Rundweg, roter Strich/ HW 7 und HW 9). Kurz darauf beginnt der 2 km lange Königsweg, der uns entlang diverser Strandbäder, Privatgrundstücke und Zeltlager durch das Friedrichshafener Seemoos bringt.

Dann steht wieder einmal eine Umwanderung von Privatgelände (Wohngebiet, Werft, Universität und MTU-Firmengelände) an und wir entfernen uns vom Ufer. Via Königsweg, Seemooser Weg und Straße

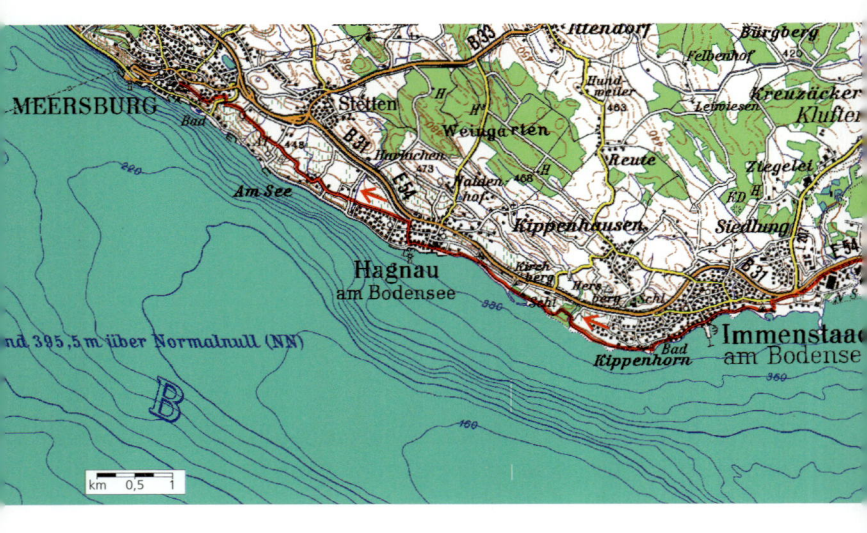

Bodensee und Westallgäu · Tour 14

Durch Weinberge und Obstplantagen geht's Richtung Meersburg.

»Am Seemooser Horn« (und einer Gleisüberquerung) gelangen wir zur Zeppelinstraße/B 31/E 54, an deren Verlauf wir uns nun 1 km orientieren müssen. Links halten und auf der linken Straßenseite wandern.

Wenige Meter hinter dem MTU-Gelände verschwindet ein Pfädchen in der Kleingartenanlage bei der Tannenhag-Schule. Der Pfad bringt uns wieder zum Ufer hinunter und führt kurze

189

Zeit später hinter dem Fischbacher Seebad vorbei. Die Strandbadstraße bringt uns wieder zum See hinunter, bevor uns nach 200 m die Fischerstraße wieder davon wegführt, zur Meersburger Straße/B 31. An der Meersburger Straße halten wir uns links und wandern auf der linken Straßenseite der B 31 nach Immenstaad.

Nachdem wir am Ortseingang am Industrieviertel vorbeigewandert sind, zweigt nach links die Friedrichshafener Straße ab. Hier lang. Gleich darauf müssen wir dann nach links zum Campingplatz und Sportboothafen von Immenstaad hinunter. Hier halten wir uns dann rechts. Die Seestraße Ost, die später in die Seestraße West übergeht, ist nun für 2 km unsere Route. Dann, am »Hotel Heinzel«, zweigt das Sträßchen »Kippenhorn« nach links ab.

Wenn wir ihm folgen, gelangen wir aus Immenstaad heraus und bewegen uns nun entlang der Uferlandschaft nach Hagnau. Nachdem wir durch ein kleines Uferwäldchen gewandert sind, passieren wir wieder diverse Strandbäder, Sportboothäfen und Campingplätze, bevor wir dann nach 3 km via Seestraße nach Hagnau (409 m) hineinkommen.

Am Fähranleger geht die Kapellenstraße rechts ab (und für Müde eine Fähre nach Meersburg) und führt uns durch das ganze Städtchen zur Straße »Höhenweg« hinauf. Hier nach links und wir gelangen nach 1 km auf Halbhöhenlage aus Hagnau hinaus. Ein kleiner Pfad führt hier nun kurz durch ein kleines Wäldchen, bevor es wieder auf landwirtschaftlichen Wegen weitergeht.

Hier treffen wir auf einen großen Wegweiser. 17,5 km liegen bereits hinter und noch 3 km vor uns. Wir folgen dem Zeichen des Bodensee-Rundwegs bzw. dem HW 9. Die gelbe Raute markiert den Uferweg nach Meersburg. Nach 1,5 km durch eine schöne Weinberglandschaft erreichen wir die Kriegsgräberstätte Lerchenberg, von der wir wieder wunderbare Aussichten auf den See und die Alpen genießen.

Gleich darauf haben wir dann den Parkplatz Töbele erreicht. Hier wandern wir nach links, leicht bergab, überqueren auf einem Brückchen die Töbelestraße und gehen dann nach links, in die Straße »Am Rosenberg«. Dann nach rechts in die Stefan-Lochner-Straße einbiegen. Auf ihr bleiben wir einen knappen Kilometer, bevor nach links die Straße »Am Sentenhart« abgeht. Ihr folgen wir und stehen gleich darauf mitten in der Meersburger Altstadt (444 m) mit ihren Sehenswürdigkeiten und Gässchen.

Die im 7. Jahrhundert erbaute Meersburg/Altes Schloss thront über der Unterstadt und dem See und ist die älteste bewohnte Burg Deutschlands. Aus der Entstehungszeit ist jedoch keine Bausubstanz mehr erkennbar. Wer genau die Burg erbaute, ist nicht ganz klar. Gesichert ist jedoch, dass sie ab dem 13. Jahrhundert in kirchlichen Besitz überging. Durch die Säkularisation 1802 fiel die Anlage an das Haus Baden, welches

Die Meersburg oberhalb des Sees lohnt auf jeden Fall eine Besichtigung.

die Burg 1838 an das Ehepaar Joseph von Laßberg/Maria Anna von Droste zu Hülshoff verkaufte. Seitdem ist die Burg in Privatbesitz. Ende des 19. Jahrhunderts wurde sie der Öffentlichkeit zugänglich gemacht und nach und nach zum Museum. Über 30 Räume können heutzutage besichtigt werden.

Informationen: Burg Meersburg GmbH, Schlossplatz 10, 88709 Meersburg, Telefon (0 75 32) 8 00 00, www.burg-meersburg.de

Ein gemütlicher Abschluss in den diversen Lokalitäten bietet sich an. Wollen wir nach Konstanz zum dortigen Bahnhof übersetzen, um Zuganschluss zu bekommen, müssen wir nochmals aufpassen. Nicht die Autofähre nehmen (hält in Konstanz an einem stadtfernen Anleger), sondern ein Schiff der Weißen Flotte (Abfahrt direkt unter dem »Neuen Schloss«). Alternative: Mit dem Bus nach Überlingen und von dort mit dem Zug abreisen.

Zum Weiterwandern ...

In Ihrer Buchhandlung

Kurt Köder, Philipp Sauer

Neue Mehrtageswanderungen in Baden-Württemberg

Entdecken, Erleben, Genießen

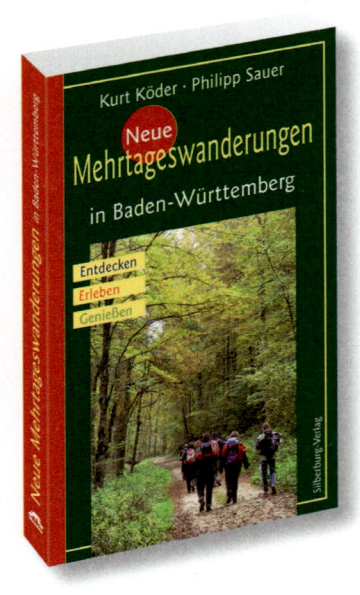

Die Autoren Kurt Köder und Philipp Sauer, beide langjährig erfahren in Planung und Durchführung von Gruppenwanderungen, haben das ganze Land durchstreift und laden mit ihren Mehrtageswanderführern ein, die schönsten Regionen auf Schusters Rappen zu erkunden. Die zwei- bis dreitägigen Wanderungen sind ideal, um mit der Familie oder mit Freunden wundervolle Wochenenden in der Natur zu verbringen.
Wertvolle praktische Tipps sowie Übernachtungsvorschläge mit Kontaktadressen und Telefonnummern erleichtern die Planung.

200 Seiten, 93 farbige Abbildungen und Karten.
ISBN 978-3-87407-870-2

Silberburg-Verlag

www.silberburg.de